児童養護施設の現場でいきる心理職
はじめに

児童養護施設の現状と展望

　最近の児童養護施設の現状として現在の社会情勢に大きく影響をうけていると考えられます。この「現場でいきる心理職」初版が発刊された 2013 年は全国児童相談所における児童虐待相談対応件数は約 7 万 3 千件であり、日本の児童福祉における最大の危機であるとも言われていました。しかし、2020 年度においては約 20 万 5 千件の対応件数と急増しています。特に東京都においては急激な増加傾向にあり、都内の児童相談所における虐待相談対応件数は約 2 万 6 千件となっています。体罰などによる暴力のみならず、心理的・精神的な虐待とされる事案が急増し、命を奪われてしまう悲しい事案も多く大きな危機感を感じています。さらに 2020 年度新型コロナウイルス感染症による感染拡大により、保育所、学校などの休園休校などによる今までの児童育成システムに大きな支障もあり家庭内での子育てへの負担が大きくなり、それが原因となり家庭家族機能が脆弱化していることも明らかになってきました。しかし、新型コロナだけが原因ではなく、家族のあり方も、支援のあり方も大いに皆で考えていく時期に来ていることは明らかです。

　このような社会情勢、さらにはヤングケアラー問題なども大きな課題となり、各区市の子ども家庭支援センターの相談対応件数も急激に増加し、要支援家庭も急増していることも事実です。このような状況の中、子どもへの支援は寄り添いだけではなく、心のケアも含めた心理的な支援が必要不可欠であります。心理職の方々の役割は大きく、同時に多角的支援を目指し各職種、機関による連携なくしては成果を上げることはできないと考えます。

　東京都社会福祉協議会児童部会としての施設機能強化として、専門職委員会は施設内における保育士、児童指導員を先頭に各職種の連携強化を図っています。

　この 2022 年度版は施設心理職としてさらに経験を積み、施設内での協働をさらに有効的に行えるよう実践をわかりやすく記したものであります。施設長をはじめすべての職員の皆様に読んでいただきよりよい支援に向けての一助になればと思います。

2023 年 3 月
東京都児童部会専門職委員会委員長
聖ヨゼフホーム施設長　鹿毛弘通

目　次

第4章　　心理職の業務Ⅱ　〜子どもを支える人々と関わる〜

第1章 児童養護施設における心理職の位置づけ

児童養護施設（以下、施設）において施設内心理職（以下、心理職）は、入所児童の健やかな育ちに少しでも役に立てるように、その専門性を活かしながらさまざまな業務に携わっています。子どもと1対1の面接を行うだけでなく、グループへのアプローチを行っている施設もありますし、心理検査等のアセスメントツールを用いている施設もあります。また施設は子ども達の集団生活の場であることから、面接以外の時間に生活場面に入って子どもと関わることや性教育を行うこともあります。各生活ユニットの直接処遇職員（ケアワーカー、以下、CW）や施設内の他の専門職と協働しながら、児童相談所等の関係機関とも連携し、時には子どもの保護者と会うこともあります。日々の記録以外の事務作業も多くあり、主に年度初めと年度末には各種申請書や報告書の提出もあります。

　第1章ではこれらの業務を「施設にいる子どもをめぐる構造」の視点と、「子どもの入所から退所後までの時系列」の視点から概観します。施設で心理職が行っている業務を初めに整理することで、それぞれの業務の持つ意味や流れを理解しやすくするとともに、みなさんが施設の中で取り組んでいる課題の意味を考える時の見取り図の1つになれば幸いです。

1-1　施設にいる子どもをめぐるさまざまな構造と心理職の業務

　心理職の業務内容の大枠は厚生労働省からの通知によって以下のように決められています。

心理療法を担当する職員の業務内容（厚生労働省,2016）
　　1 対象児童等に対する心理療法　2 対象児童等に対する生活場面面接
　　3 施設職員への助言及び指導　4 ケース会議への出席　5 その他

　具体的な内容は、その施設が心理職に求めることや常勤－非常勤、勤務年数、心理職自身の志向性などによって変わりますが、たいていの心理職は面接室で子どもと1対1で関わりながら心理的なケアを行うところからその業務を始めることになると思います。「じっくりと子どもと関わっていく中で子どもの表現する世界をしっかりと受け止めていき、子ども自身の成長に少しでも寄与したい」「その子の成長にとって必要なことを少しでも提供したい」と思って日々子どもとの面接を重ねていくことになりますが、そこで表現された内容を見るとふと気がつくことがあると思います。それは施設内での子ども同士の人間関係やCWとの関係、保護者との関係など、子どもを取り巻く環境やその時々の関係、またそれらの変化が如実に表れてくるということです。子どもをめぐる状況が保護的であることで面接が順調に進むこともあれば、逆に子どもが安心できない状況が続いてなかなか面接も進展しなかったり、ともするとそれまでの関わりの中で少しずつ積み上げてきたものが何らかの外傷的な出来事によって急に崩れ去ってしまったりするというようなことも起こりえます。ちょうどトラウマ治療において心理治療を行う前にクライエントの安全

を確保して環境の安定を図ることが重要であるのと同じように、施設での心理的ケアでもその環境の安定が重要であるといえるでしょう。

　では施設にいる子どもはどのような環境で過ごしているのでしょうか。それには次の図1-1のような図を使って構造として考えると整理しやすいように思います。

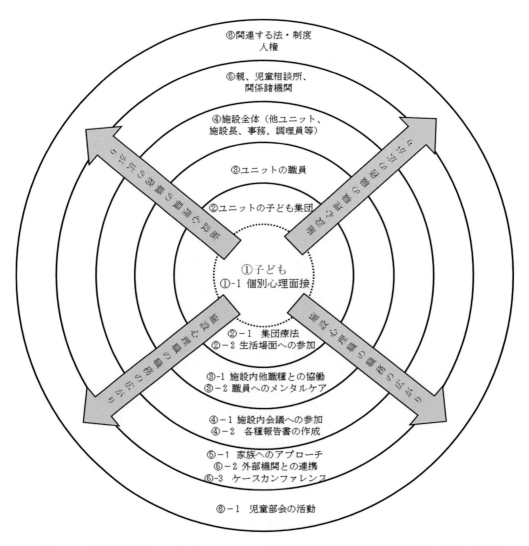

図1-1　児童養護施設での生活において、子どもを取り巻く構造と施設心理職の業務の広がり

　図1-1では円の中心の①子どもから外側に向かって順に、②子どもが所属するユニットの子ども集団、③子ども集団をケアするユニットの職員、④職員が所属する施設全体、⑤施設と密接に関わりを持つものという意味で、保護者のほかに児童相談所などの関係諸機関、⑥施設のあり方を規定する法や制度、さらにはその背景にある人権、という構造を想定しています。(本来、⑤の保護者はもう少し違う図で考えた方が収まりがよいのですが、

今回は概観が目的なので、施設の外との関係という意味で図を簡略化して⑤の領域に入れています。）

　以下、各領域について述べていきますが、施設ではそれぞれの領域ともに困難な状況が見受けられます。

　まず、①個別の子どもについては、近年虐待を受けた子どもだけでなく発達障害を抱える子どもの入所も増加していることが挙げられます。例えば虐待を受けた影響で周囲を逆なでする言動をしてすぐに手が出てしまう子や、発達障害があって相手とうまくコミュニケーションが取れずにすぐに癇癪を起こしてトラブルを起こしてしまう子など、ケアに工夫が必要な子どもが増えています。

　そのような子どもが②のユニットの子ども集団に複数いるため、ユニット集団が落ち着かず子どもにとって安心できない場になってしまうことも見受けられます。またいろいろな意味で満たされない子ども達が集団で生活をしていると、子ども間に暴力や威圧など何らかの力による支配関係が生じてしまうこともしばしばあります。性に関することにも意識しておくことが必要で、子ども同士で男女間だけでなく同性間でも性加害・被害の問題が起こることもあります。

　③のユニットの職員について、東京都ではグループホームの増加などでユニットの小規模化・地域分散化が進んでいます。その中で職員は、他ユニットからは物理的に離れてしまっていることからCW間での連携が取りにくくなったり、ともするとCWが孤立してしまう状況も生まれているようです。子どもへの対応についても、日常生活での子どもの世話だけではなく、対応の難しい子ども達を集団の中で工夫しながら見ていくことが求められるようになり、時にはCWが子どもから激しい攻撃性を向けられることもあります。そのほかにも学校や関係機関とのやりとり、退所児のアフターケア対応など、CWは休む間もなく対応に追われる激務のために心身ともに疲弊して燃えつきやすい状況にあります。CWの勤務年数を見ると4年以下が50%で、そのなかで20代が40%を占める（児童部会調査研究部，2010、2020）との結果も出ており、CWがなかなか定着しない現状が見てとれます。離職者の多い施設では勤務3年目のCWがユニットリーダーで、1、2年目のCWと3人で6人の子どもを交代で見ているなど、子どもの安心・安全を守ること自体が困難な状況になっている施設もあるとも聞きます。

　④の施設全体では、ユニットの小規模化によりユニット間や調理・事務などを含めた職員全体での情報共有や養護方針の共有ができにくくなっているほか、心理療法担当職員・治療指導担当職員・家庭支援専門相談員（ファミリーソーシャルワーカー、以下FSW）・自立支援コーディネーター・自立支援担当職員・里親支援専門相談員・看護師などの専門職が増えていく一方で、それらを組織の中でどのように有効に活用していくかなどのシステム作りが課題となっています。また勤務条件の課題も見られ、施設職員への調査で「長く働き続けられないと思う理由」について、勤務時間や拘束時間が長い（38%）、施設の方針や体制（27%）、給与が少ない（17%）、休日が少ない（12%）などが挙げられています

（児童部会調査研究部，2020）。さらに、職員の平均勤続年数が上がれば上がるほど赤字になりやすいという施設の財務上の課題も児童養護施設全体が抱える困難さとして挙げられるでしょう。

　⑤の保護者、児童相談所、関係諸機関では、家族を再統合していくために親子の関係修復を関係機関とどのように連携しながら行っていくのか、対応の難しい子どもの育ちを保証するために児童相談所や福祉、医療機関など多くの機関とどのように連携し役割分担をしていくかということなどが課題です。また地域に支えられる施設にしていくために学校や地域とどのようにつながっていくかということも大きな課題になっています。

　⑥の法・制度について、現在、児童養護施設業界は大きな変革期にあります。これまで国から平成23（2011）年度に出ていた「社会的養護の課題と将来像」が全面的に見直され、平成29（2017）年度に「新しい社会的養育ビジョン」が出されました。そこでは親子分離が必要な代替養育について、「代替養育は家庭での養育を原則とし、高度に専門的な治療的ケアが一時的に必要な場合には、子どもへの個別対応を基盤とした『できる限り良好な家庭的な養育環境』を提供し短期の入所を原則とする」とあり、里親委託の推進、施設の小規模・地域分散化、多機能化・高機能化がうたわれています。今後施設はそれに合わせた形態に変化していくと考えられ、それに伴って心理職のあり方も大きく変わっていく可能性があります。

　長らく施設は慢性的に職員不足の状態で運営されてきました。それはCWの配置の最低基準が子ども6人に対して職員1人（6：1）の状態が30年以上続いてきたことに起因していて、つまりこれは交代勤務で考えると「常勤のCW1人で12人以上の子どもを見なければ施設として財政的にやっていけない」ことを意味しています。そのような中でも施設は工夫を凝らし、子ども集団を見ていくためのノウハウを発展させてきました。

　その後「社会的養護の課題と将来像」をもとに最低基準は改善されていきます。平成24（2012）年度に最低基準が5.5：1、平成27（2015）年度には4：1となったのですが、小規模グループケア加算等と合わせると現在は概ね3：1ないし2：1程度まで改善している状況です。さらに「新しい社会的養育ビジョン」の小規模・地域分散化の方針のもと、グループホームでは子ども6人に対して最大職員6人の配置ができるようにもなっています。しかしそれに伴い、また新たに職員間の連携の課題も出てくると思われます。

　またこのような大きな変革が起きている状況の中でしっかりと子どもを見ていくためには、施設の歴史的な背景を踏まえて施設が大切にしてきた文化や理念を見失わないようにすることも必要ですし、その根本となる人権や権利擁護などについても日頃から意識して敏感になっておくことが必要となるでしょう。

1-2　施設における各構造を子どもを護るものに

　ではこのような子どもをめぐる構造に対して心理職はどのように関わっているのでしょうか。それを表したのが図 1-1 の下部になりますが、以下にその項目を並べてみます。

子ども個人に対して	①－1　個別心理面接
子ども集団に対して	②－1　グループへのアプローチ（集団療法）
	②－2　生活場面への参加
職員との関わり	③－1　施設内他職種との協働
	③－2　職員へのメンタルケア
施設全体での動き	④－1　施設内会議への参加
	④－2　各種報告書の作成
施設外との関わり	⑤－1　家族へのアプローチ
	⑤－2　外部機関との連携
	⑤－3　ケースカンファレンスへの参加
法・制度への働きかけ	⑥－1　児童部会の活動

　この中で①〜⑤の内容については後の章に譲るとして、ここでは「⑥－1　児童部会の活動」について、簡単に説明しておきたいと思います。

　児童部会は東京都社会福祉協議会内に児童養護施設分野の発展と向上をめざして設置された組織です。施設職員向けの研修や調査研究などを行っているほか、施設業界のさまざまな課題の改善を図るために東京都や厚生労働省と年に数回程度話し合いの機会を持ち要望書を提出するなどさまざまな活動をしています。

　心理職は児童部会の児童養護問題検討委員会の傘下にある「専門職委員会」に所属しており、そこで「心理職グループ」として月 1 回程度の会議の中でさまざまな活動をしています。心理職グループは、各施設の状況や国や都の情勢について情報共有を行いながら、「研修班（新任心理職研修会や他の専門職との合同研修会の企画・実施）」「学習班（さまざまなテーマに沿った学習会及びグループ討議の企画・実施）」「小冊子班（『現場でいきる心理職』の改訂）」の 3 班に分かれて活動し、またこれまでには広報のためのリーフレットの作成や心理職へのアンケートの実施もしています。児童部会ではこのような活動を通じて心理職の力を高め、心理職同士や他職種とのネットワークを強化していくことをめざしています。ちなみに心理職が専門職委員会のメンバーとして活動するためには、施設が児童部会に心理職の名前を登録することが必要です。

　①〜⑥までを眺めてみると、心理職は施設職員やその他多くの関係者と協働・連携しながら、面接に限らずその周りの環境づくりに至るまで幅広い業務を行っているといえるでしょう。このような業務のあり方は教育現場でのスクールカウンセラーの在り方やコミュニティアプローチの考え方とも共通するところがあると思います。

　①〜⑥それぞれの領域が機能不全を起こしてしまえば当然子どもを護っていくことはできないでしょうし、逆にそれぞれの領域がしっかり護られたものになることでお互いの領

域が相互に保護的に機能することになり、結果としてすべての領域を「子どもを支えて護る枠」にしていくこともできるかもしれません。もちろんそれは心理職1人でできることではなくCWや多くの関係者とさまざまな場面で力を合わせて少しずつ作っていくことが必要です。これは大きな課題ですし、何かをやったからといってすぐに答えが出てくるというものではありませんが、それでも現状を改善していくためにできることを無理せずに積み重ねていくことが大切なのだと思います。

　①～④までは施設の中での「心理職としての動き」として考えられますが、⑤～⑥になると施設の外での動きが主になるため、心理職としてだけではなく「施設で働く職員としての動き」にもなっています。また、例えば実際に生活場面に入って動いていくと面接場面だけでなく生活場面でも同じ子どもと会うことになり、場合によっては自分が心理職の立場で子どもと関わっているのかそうでない立場で子どもと関わっているのかがわかりにくくなってしまうことなども起こりえます。場面によって動き方が変わることはある程度やむを得ないことなのですが、それによって子どもやCW、心理職自身が混乱しないように工夫し、それぞれの場面をきちんと成立させるために施設の状況に合わせて周りの人と協力しながら解決を図っていくところも児童養護施設で働く心理職の難しさでありやりがいの部分でもあると思います。

　最後に、東京都では治療指導担当職員という生活場面に入って心理的な関わりをする職種があります（詳しい説明については、第3章を参照のこと）。こちらは初めから生活場面に入って活動をすることが求められているため、心理療法担当職員として勤務を始めた人よりも働き方に戸惑う人が多くいるようです。治療指導担当職員の生活場面への入り方を考える時にも、各領域を護りの構造にしていくという考え方が参考になるのではないかと思います。

　また平成 29（2017）年度の心理職アンケートでは心理療法担当と治療指導担当ともに生活場面で活動するようになり、どちらも「心理職」としてそこでできる業務を模索するようになってきたことが示唆されていますが、実情としては「面接場面との区切り方やCWとの協働のあり方」などの具体的な動き方から、「そもそも生活の中で『心理的な関わり』をするとはどういうことなのか」ということなどもまだまだ手探りで行っている状態ですので、これから皆さんと一緒に実践を通じてより良いあり方を積み上げていく必要があるかと思います。

1-3　入所から退所までの流れの中での心理職の関わり

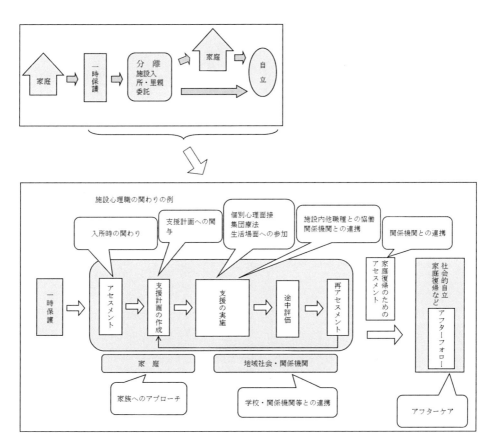

図1-2　子どもの入所から退所までの中での心理職の関わり

(平成23(2011)年度　児童部会心理職研修会 犬塚峰子先生資料4 より改変)

　前節では施設にいる子どもを取り巻く構造を護りの枠にしていくという視点から心理職のさまざまな業務を概観しましたが、ここでは時系列で子どもの入所から退所・自立に至るまでの流れの中に心理職がどう関わっているかを概観していきます。

　図1-2は家庭から一時保護を経て施設入所に至りその後家庭復帰や自立へ向かう流れの中で、特に施設入所から家庭復帰・自立するまでの中での支援がどのように行なわれているかを表したものです。図1-2の中央の矢印に沿って進めていきますが、家庭から一時保護された子どもが施設に入所して新たな生活を始めた時に、その子の生活に一番関わるのはCWになります。CWは生活の中で子どものアセスメントを行い、入所後3か月をめどに自立支援計画書を作成して支援に当たっていきます。その後、年度末に途中評価をし、次年度にまた子どものアセスメントを行ってその年の自立支援計画書を作成するという流れで、毎年見通しを持って子どもの支援に当たっています。

　子どもにとって施設での生活とは、単にそこで落ち着いて過ごすことだけでなく、学校

に通うことであったり、家族との交流や、児童相談所の担当福祉司・心理司と関わったりすることなども含まれるものです。そのため施設における子どもへの支援は、担当のＣＷを中心にＦＳＷや心理職なども加わって行われており、心理職は図1-2の中の吹きだしにあるような形で入所時から退所後までのさまざまな場面に関わっていきます。

この中で心理職がもっとも多く関わることになるのは「支援の実施」の部分での面接・生活場面への参加・施設内他職種との連携ですが、前節でも取り上げたのでここでは詳細は省きます。前節と重ならないところでの心理職の業務としては、入所時の関わり、自立支援計画書作成時のアセスメントでの関わり、家族へのアプローチ、アフターケアでの関わりなどが挙げられます。アセスメントについては心理職の専門性に関わるところでもあるため比較的携わることも多いでしょう。家族へのアプローチについてはＦＳＷが中心に関わっていることもあり心理職が関わっている施設はそれほど多くないようですが、家族支援に心理職が関わることの有効性が認識されるようになっており、今後心理職の業務としても重視されるようになってくると思います。入所時の関わりやアフターケアでの関わりも担当のＣＷが中心となることが多いため、心理職の関わりはそれほど多くないのが現状です。心理職がこれらの分野でどのようなことができるかについては今後のそれぞれの心理職の実践の積み重ねを通じて検討していく必要があると思われますが、いずれにしても日々の生活の中で他職種と協働しながらそれぞれのスタイルで細やかに子どもと関わっていくことが心理職の通常の業務となっています。

1-4　まとめ

ここまで、施設において心理職がどのような業務をしているのかについて「施設の構造」と「入所からの時系列での流れ」との２つの側面から見ました。こうしてみると心理職の業務は多岐にわたっていて何から手をつけたらよいのか困ってしまうほどですが、冒頭に述べたようにさまざまな条件によって求められる業務内容は変わってきますし、必ずしもここに挙げたこと全てを行わなければならないわけではありません。

また福祉関係の職場は他の領域と比べて賃金が低いことが多いため、大学院を出てすぐの経験年数の低い心理職の割合が多い職域でもあります。あまり経験のない心理職がこのような状況の中で初めからすべてのことを行うのはほぼ不可能なことですし、まずはこれまで自分の学んできたことで施設の中でできることを確実に行っていき、焦らずに土台を固めながら少しずつできることを増やしていくのがよいでしょう。今ベテランと呼ばれるような心理職もそのようにして一歩ずつ足元を踏み固めながらできることをしてきました。そしてそのベテラン心理職達もすべてのことができているわけではありません。

施設での心理職の業務は、大学院で学んだ外来型の面接だけでは対応できない事態がたくさん起こる中で日々の活動をしていかなければならないという大変さはあります。しかし、１つ１つの課題に真摯に向き合って業務をしていけばそれをきちんと見ていてくれる人はいます。余談になりますが、アラスカの捕鯨用語で「ケーレンガクウテレフパット（意

味：お互いみんなに目を配れ)」という言葉があるそうです。これは大きくて困難な問題に立ち向かう時に「協調すること」や「集団的英知を活用すること」の大切さを述べているのですが、これは施設での業務にそのまま当てはまるように思います。施設にはそれまでに子ども達を見ていく時に大切にしてきた考え方ややり方があると思います。それを活用し施設の内外で仲間の助けを得ながら着実にできることをしていくことで、その施設ならではのしっかりとした心理職の業務ができるようになっていけるのではないかと思います。

【文献】

新たな社会的養育の在り方に関する検討会 (2017). 新しい社会的養育ビジョン, 1-2.

犬塚峰子(2011). 家族再統合における児童相談所と施設の連携, H23年度児童部会専門職委員会 心理職研修資料

児童養護施設等の社会的養護の課題に関する検討委員会・社会保障審議会児童部会社会的養護専門委員会 (2011). 社会的養護の課題と将来像, 37.

厚生労働省(2016). 平成28年6月20日 雇児発0620 第16号 家庭支援専門相談員、里親支援専門相談員、心理療法担当職員、個別対応職員、職業指導員及び医療的ケアを担当する職員の配置について

Stam, B.H.(1995) SECONDARY TRAUMATIC STRESS. The Sidran Press. (小西聖子・金田ユリ子(訳) (2003) 二次的外傷性ストレスー臨床家、研究者、教育者のためのセルフケアの問題. 誠信書房 141-168.)

社会福祉法人東京都社会福祉協議会児童部会調査研究部 (2010).「働き続けることのできる職場環境調査」の報告. 紀要: 〜平成20年度版〜, *12*, 63-71.

社会福祉法人東京都社会福祉協議会児童部会調査研究部 (2020). 施設職員として長く働き続けるための調査・研究: 〜人材の確保・育成・定着に向けて〜. 紀要: 〜平成28・29年度版〜, *20・21*, 191-210.

社会福祉法人東京都社会福祉協議会児童部会専門職委員会心理職グループ(2020). H29(2017)年度 施設心理職の実態調査〜各職種からみた心理職のあり方と効果について報告書

Column ❶　家庭再統合で心理職にできること

　幼稚園から入所し、現在小学校高学年のＡちゃん。母との交流で外出や外泊を続けていますが、母に調子の波があってなかなか家庭引き取りは難しい状況です。

　Ａちゃんもそんな母のことがわかっているのか、小さい時から交流時は好きなものを買ってもらってあとはあっさりしています。母に自分の気持ちを言うことはほとんどなく、心理面接でも母のことが話題に出ることはありませんでした。

　Ａちゃんと物での関わりしかできていないことを母は心配していましたが、ＣＷは＜母の調子が許す限りできるだけ交流を続けていくこと自体に意味があるのですよ＞と励まし続け、交流が安定してきたある時、外泊の後の母との電話でＡちゃんは「何で私は家に帰れないの？」と泣きながら母に訴えたのです。その直後の回の心理面接でＡちゃんは紙粘土で「雪どけ」の場面を作りました。私はそのことをＣＷに＜母との関わりを通じてＡちゃんの中でとけだしてきたものがあるのだと思います＞と伝えました。

　順調に行きかけたのもつかの間で、その後また母が調子を崩して施設に来られなくなってしまうと、Ａちゃんは「もうお母さんとは会いたくない」と言いましたが、その一方で心理面接では折り鶴を作り始めました。また私からＣＷに面接の状況を伝えると、今度はＣＷが察して、関わりに自信をなくしていた母に対してＡちゃんの言葉と裏腹の思いを伝え、調子を戻してからあらためて交流を続けていくことの大切さを伝えたほか、児童相談所に確認を取った上でＡちゃんに対しても本人に話せる範囲で丁寧に母の状況を伝えてくれました。その後また交流は再開し、たまに母への不満をもらしながらもＡちゃんは以前よりも自然な感じで母と出かけていくようになっていきました。

　施設における家族再統合を考える時、心理職が直接家族のケアに関わることはそれほど多くないようですが、関わりの中で表現されるものと現実の状況をしっかり見ておくことでできることはあると思います。この事例のＡちゃんのように家に戻ることがなかなか望めなくても、ＣＷや関係機関と協働しながら母子を支えてその関係を少しずつ強くしていけるような働きかけをしていくことが家族再統合の本来の形なのではないかと思います。

　（事例については個人が特定されないようにいくつかの事例を組み合わせて改変したものを使用しています。）

第2章　児童養護施設で心理職が働くということ

2-1　養育のいとなみの中の心理的援助

　子どもの心の安定に、通常もっとも影響を与えるのは保護者との関係や生活環境のあり方です。傷ついた子どもに対して、精神科医や心理職が心理療法等をしたとしても、環境の変化がないままでは、子どもの心が安定しないのは今更言うまでもありません。子どもをめぐる関係性や環境への働きかけと心の内面への働きかけが、車の両輪のように動いていくことが大事になります。

　施設に入所している子どもの場合、子どもをとりまく関係者・関係機関が多く、複雑になっています。複雑というのは、現在の生活の中心である施設、親やきょうだいや親戚、児童相談所をはじめとする外部機関、場合によっては医療機関なども関わるからです。これらが子どもの生活や将来に直接影響を与えます。言い換えれば、これらは子どもの心理的援助として働く可能性もあり、逆に心理的不安定をもたらす可能性もあります。

　このような状況をふまえると、施設においては、心理職だけでなくCWやFSWやさまざまな職種が、自分たちの関わりが総じて子どもの心理的援助になりうるのだという自覚をもって働き、なおかつ外部機関とも協働している状況が理想的といえます。しかしながら、各職種や機関が協働できない状況にある場合もみられます。職種によっては心理的援助をしているという意識が薄い場合もあるかもしれません。心理職は、これらの状況を見据えて、この中で自分がどう働くのが良いのか、子どもの心理的援助が機能的に働くためにできることを考える必要があるでしょう。

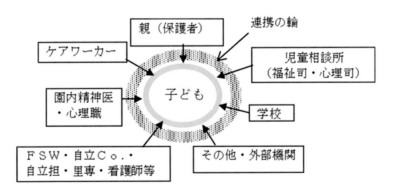

図2-1　子どもをめぐる理想的なケア環境

　また、施設の日常生活が子どもの心理的援助・発達・成長にどのように働くかを考える視点も重要になります。施設では、朝から夜まで1日24時間、1年365日の生活の積み重ねの中で、子どもの心身の健康とよりよい成長、傷つきの癒しをもたらすような環境の提供につとめていかなければなりません。この中で、子どもに一番多く関わるのがCWですが、その働きには、子どもに関わるケアワークとしての働きだけではなく、機関との連携や家庭関係調整を含めたソーシャルワークも含む幅広いスキルが必要になります。

このように施設の心理職は、子どもの心理に関する専門的知識に加えて、他職種の働きを理解し、なおかつ子どもに関わる幅広い動きや考え方・制度・法律も理解しつつ、働いていくことが求められます。養護という枠の中にいる心理職の働きは、医療や教育等の他の臨床領域とは異なる動きが求められる面もあります。オーソドックスな面接室の中での心理療法の枠組みにはない、面接室の外の多様な動きが求められています。さまざまな連携を行うため、守秘義務や倫理的な視点も考慮しつつ、子どものケアの最善を考えていく必要もあります。なおかつ、児童養護施設といっても、施設ごとに組織や風土が異なるために、働き方も施設ごとに異なります。いずれの施設でも、現状では、虐待を受けた子どもなどの特に基本的な愛着に関しての複雑な問題を抱えた子どもたちとの転移や逆転移に、日々さらされるという状況は変わりありません。このような状況に対して、心理学という専門性を背景に、何ができるのかを各々が考えることになります。

2-2　求められる幅広い役割

　前項で施設の心理職には、多様な視点や知識をもつことが必要になることを述べましたが、実際の動きもさまざまな役割が求められます。

　国が施設への心理職配置を推奨し、施設への補助をはじめた平成11（1999）年当初は、心理職にCWと同じ業務を求める施設もありましたが、主には「心理療法」が求められました。この国からの補助の背景に、施設における被虐待児の増加などケアの難しさがあり、その対応として「心理療法」が主に考えられたからです。そのため、施設心理職に対して「心理療法担当職員」という名称がつきました。

　現在、施設で活動をはじめた心理職には、心理療法以外の仕事も求められるようになりました。詳細は、次章以降にゆずりますが、仕事内容の概要としては、次のようなものがあります。

表2-1　施設で実施している主な取り組み
（平成22（2010）年度　東京都児童部会
専門職員会・心理職グループによる調査より）

個別心理療法	93.5%
施設内他職種との連携	90.7%
ケースカンファレンス	90.7%
生活場面への参加	87.0%
外部機関との連携	82.4%
嘱託児童精神科医との連携	62.9%
新入所児童への関わり	61.1%
職員への心理ケア	58.3%
集団療法	43.5%
アフターケア	43.5%
家族へのアプローチ	29.6%

　平成22（2010）年度アンケート調査（表2-1参照）によると、90%以上の心理職が「個別心理療法」やコンサルテーションをはじめとする「他職種との連携」「ケースカンファレンス」の参加や企画などを行っています。

　「生活場面への参加」では、心理職がCW同様の業務をする場合もありますが、アセスメントのために生活場面に入って子どもの様子を観察する場もあります。中には、個別心理療法の枠に乗りたがらない子どもと生活空間の中で個別に会って話をしたり、必要な子

どもに対して療育的関わりを生活場面で行ったりする場合もあります。

　なお、施設の心理職といえば、被虐待へのケアが大きくクローズアップされてきた歴史がありますが、近年、発達障害や軽度の知的障害への療育的対応やアセスメントが求められています。その背景には、このような障害をもつ施設入所児童の割合が増えていることがあります。

　また、「外部機関との連携」としては、児童相談所との連携だけでなく、子どもの家族を中心とした地域の関係機関と連携した関係者会議や学校との話し合いへの参加など、さまざまな動き方があります。

　また、「新入所児への関わり」をする心理職もいます。アセスメントの一環として面接を行い、場合によっては心理検査を実施することもあります。面接の中で、入所初期の不安のケアを行うこともあります。場合によっては、子どもが担当CWに話せないことや生活の不満を話すこともあり、担当CWではない立場で、子どもの問題の解決にむけて動くこともできます。また、子どもにとって、入所目的や課題の明確化となることもあります。これらの面接で得られた結果や見立てを、職員間で共有し、自立支援方針に活かすこともできます。

　「家族へのアプローチ」に携わっている心理職の割合は、多くはありません。しかしながら、子どものケアだけでなく、家族のケアや子育て相談を受けることなどで、家族の変化をうながすために心理職の働きが求められることもあります。具体的には、家族面接や親面接、保護者への子育て相談、施設の保護者会への参加などが行われています。担当CWと家族の関係がうまくいかなかった時に、心理職という立場で家族と関わることで、CWとの橋渡し・関係改善に至る可能性もあります。家族との話を通して、家族がCWに言えない思いや疑問をともに整理し、お互いの理解が深まり、関係が改善されていく場合もあります。なお、当然のことながら、このような家族へのアプローチは、FSWやCWとも協働して行っていくことになります。

　「職員への心理ケア」は、職場のメンタルヘルスに関わるため、直接的なケアを行うことは、同僚としての心理職がどの程度行なえるのかという問題はあります。ただし、心理職が非常勤であったり、立場によってはそれを行うことが求められたりすることもあります。また、常勤職でもメンタルヘルスを扱う業務に携わり、間接的に援助する立場をとることもあります。

　その他、子どもや保護者の苦情受付の係として心理の専門性を活かしながら動く、行事へ参加する中で子どもと関わるなどと多様な働きがあります。

　働き方は多様ですが、施設によって求められるものは異なります。働き始めて一年目ですべてに携わるのは難しいかもしれません。心理職もそれぞれ自分の得意な心理領域や専門性を持っていますが、それを第一に活かしながらも、施設の求めるものや子どもの心理的援助に必要なものを学んでいく必要があります。また、東京都の場合は、平成 19（2007）年から「専門機能強化型児童養護施設」という都独自の事業が行われています。

「専門機能強化型児童養護施設」の場合、「治療指導担当職員」という「心理療法担当職員」とは異なる役割の心理職が配置されます。心理職が複数いることで、役割分担をして多様な働きに対応していくことも可能となってきています。

2-3　非常勤と常勤

　先に述べたように、児童養護施設の心理職には実に幅広い役割が求められています。そしてその役割は、非常勤と常勤との勤務形態の違いによって少しずつ変わってくることが分かっています。平成22（2010）年度アンケートから、勤務時間数や、施設内他職種や他機関と接する機会の頻度などの違いから役割の違いが生じてくることが見えてきました。

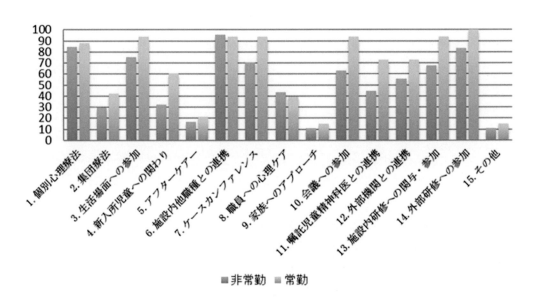

図 2-2　非常勤と常勤の業務内容の違い（平成 22（2010）年度）

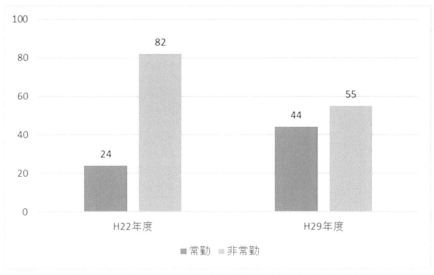

図2-3　平成29（2017）年度心理療法担当の配置状況（人数）

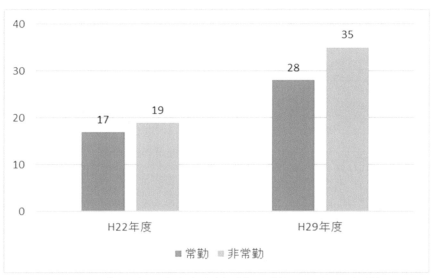

図2-4　平成29（2017）年度治療指導担当職員の配置状況（人数）

(1)心理職の勤務形態

　平成22（2010）年度アンケート結果からは、回答を得られた心理職のうち、非常勤と常勤の割合はおおよそ8対2の割合であることがわかりましたが、平成29（2017）年度のアンケートでは常勤職員が大幅に増え、非常勤職員がその分減ったことが明らかになりました（図2-3、図2-4）。特に心理療法担当職員において、平成29（2017）年度では非常勤と常勤の割合の差が小さくなっています。治療指導担当職員においては、非常勤と常勤の割合にさほど差はないものの、配置する施設数・人数が増えていることが分かります。このような常勤職員の増加は、心理療法担当職員の常勤一名分の配置が可能になった現状や、

専門機能強化型を導入した施設が増えたことで治療指導担当職員の配置につながったことが要因として考えられます。

(2)非常勤心理職の役割
　非常勤心理職は、常勤と比べると時間的な制約があり、情報の共有や連携が難しいという実情があります。出勤をしたら、いつの間にか状況が前の週と180度変わっていたという経験は多くの方がされているのではないでしょうか。そのような難しさがある中でも、非常勤心理職の9割以上がさまざまに工夫をしながら「施設内他職種との連携」を行っています。具体的な工夫の内容については4章にゆずりますが、工夫を重ねながら、非常勤の立場でも実に多くの役割を担う心理職もいるようです。
　一口に非常勤心理職と言っても、「心理療法担当職員」と「治療指導担当職員」とでは役割に違いも見られます。

表2-2　非常勤と常勤の業務内容（職名別・平成22（2010）年度）

	心理療法担当職員		治療指導員	
	非常勤 （%）	常勤 （%）	非常勤 （%）	常勤 （%）
1. 個別心理療法	92	100	54	71
2. 集団療法	27	47	38	36
3. 生活場面への参加	71	95	92	93
4. 新入所児童への関わり	31	63	38	57
5. アフターケアー	17	32	15	7
6. 施設内他職種との連携	94	95	100	93
7. ケースカンファレンス	73	100	62	86
8. 職員への心理ケア	38	37	62	43
9. 家族へのアプローチ	13	16	0	14
10. 会議への参加	63	100	62	86
11. 嘱託児童精神科医との連携	38	58	69	93
12. 外部機関との連携	58	84	46	57
13. 施設内研修への関与・参加	71	89	54	100
14. 外部研修への参加	79	100	100	100
15. その他	10	21	15	7

（緑の部分は 80%以上が実施している業務）

　たとえば、平成22（2010）年度のアンケートでは心理療法担当職員は9割以上が「個別心理療法」を行っておりますが、治療指導担当職員が行っている割合は半数程度でした。ただし、平成29（2017）年度のアンケートでは治療指導担当職員も70%が個別心理療法を実施していることが明らかとなっており、変化がみられています。治療指導担当職員も、経験年数が増加してくると個別心理療法を担う割合も増える傾向にはあるようです。非常

勤の心理療法担当職員の場合は特に、時間のやりくりも難しい場合もあり、勤務時間のほとんどを個別心理療法に費やすということも少なくありません。ただしそうであっても、心理療法を行うことが時に子どもの日々の生活（および家族生活）全体に大きな影響を与えることもあるということについては意識して気を配っておく必要があります。そのため、子どもへの直接の心理的ケアを行うにとどまらず、心理療法を通して得られた知見や情報などを元に積極的に他職種と連携を行っていくことが大切になります。

　また、「生活場面への参加」という業務に関しては、心理療法担当職員の実施は 7 割なのに対して、治療指導担当職員は 9 割以上とより多い割合で実施されていますが、平成 29（2017）年度のアンケートでは、心理療法担当職員の生活参与が増えていることが明らかになっています。

　心理職の教育課程で主に学んできた心理療法と生活支援とのギャップに戸惑い、悩みながら仕事を続ける人もおり、次章以降で述べられているような工夫や、仲間の心理職やスーパーヴァイザーなどとのつながりを活用して、より有益に、より長く役割を果たしていけるような工夫が不可欠になってくると言えるでしょう。心理療法担当職員の中にもより多くの時間を生活支援に携わる心理職もおり、また常勤になるとその割合はより増える傾向にあります。

(3)常勤心理職の役割

　常勤心理職は、非常勤心理職の多くが実施している個別心理療法や生活支援といった子どもに直接関わる業務に加えて、「ケースカンファレンス」「会議への参加」「施設内研修への関与・参加」といった業務にも多く携わる場合があることが分かっています。各会議やケースカンファレンス、研修などへの参加はそれぞれにおいて勤務日や勤務時間の調整が必要であること、事前準備などの事務的な作業もより多くなってくることなどもあって、勤務時間数の多い常勤だからこそ担いやすい役割といえるようです。また、新入所児童への関わりや、嘱託児童精神科医との連携（専門機能強化型児童養護施設において）、外部関係機関との連携、家族への支援、性教育といった役割も施設によっては加わってくることになってきます。

　平成 22（2010）年度アンケートからは、心理療法担当職員も治療指導担当職員も、どちらも多くの役割を求められているということが分かっていますが、両者で少し違いがみられる部分があります。たとえば、常勤の心理療法担当職員に特徴的なのが、外部機関との連携業務に 8 割以上が携わっています。生活の様子や出来事など多くの情報量を把握しやすく、連携先との時間調整もしやすいといったこともちろんありますが、心理療法担当職員には経験年数が長い心理職が多くいることも理由の一つと言えそうです。また一方で、治療指導担当職員は心理療法担当職員よりも、より多くの時間と労力を生活場面における支援に注いでいることが多いといえます。

　上記に述べたように、程度の差はあれど、常勤、非常勤に関わらず施設心理職は、臨床

心理学を学ぶ過程で培った心理療法の技術や理論のみでは解決できないような多くの役割を求められているということは確かです。ただし、施設に勤務し始めたばかりの心理職が、初めから一人でこれだけの多くの役割を果たし、かつ質の高い支援を提供していくという事は到底できるものではありません。そこで、次に述べるように、経験を積む中で一つひとつ成長していくということが必要になっていきます。

2-4 経験年数を積み重ねることによる役割の広がり

これまで心理職が施設の中でさまざまな役割を担っている現状をお伝えしましたが、ここでは、心理職が施設に入職してからさまざまな経験を積み重ねていくことで、どのように役割が変化していくのかということについて、アンケートをもとにお伝えしていきます。

(1)新任心理職の役割

今までも触れてきたように、児童養護施設での臨床の現場では、大学（院）の授業や実習ではまるで学んでこなかったような業務内容を求められることも多く、新任心理職からは多くの戸惑いの言葉が聞こえてきます。その戸惑いを抱えながら、1年目、2年目…と経験を積んでいくうちに、少しずつ児童養護施設の心理職としての臨床スタイルを形作っていくことになります。

表2-3　勤務年数による役割の違い（勤務形態別・平成22（2010）年度）

	非常勤			常勤		
	1年目	2～5年目	6年目以上	1年目	2～5年目	6年目以上
1.個別心理療法	75	82	94	100	77	92
2.集団療法	0	28	44	29	23	69
3.生活場面への参加	88	72	78	100	92	92
4.新入所児童への関わり	25	26	50	43	77	54
5.アフターケアー	0	10	39	14	0	46
6.施設内他職種との連携	88	95	100	86	92	100
7.ケースカンファレンス	63	69	78	86	92	100
8.職員への心理ケア	25	41	56	57	8	62
9.家族へのアプローチ	0	10	17	0	0	38
10.会議への参加	75	59	67	100	85	100
11.嘱託児童精神科医との連携	25	46	50	100	54	77
12.外部機関との連携	38	46	83	57	54	100
13.施設内研修への関与・参加	50	62	89	100	92	92
14.外部研修への参加	50	85	94	100	100	100
15.その他	13	8	17	0	0	38

＊数値はそれぞれの業務を実施している割合（％）

（緑の部分は80％以上が実施している業務）

まずそのスタートとなる新任職員には、多くの場合は「個別心理療法」や「生活場面への関わり」、「他職種との連携」が求められていくことになります。施設心理職として「個別心理療法」の実践を積んでいくことは、1対1の関係の中で目の前の子どもへの理解を深めていきながら、少しずつその家族や、その子を取り巻く生活場面や学校、他職種の思い、さらにはその子の将来といった空間的にも時間的にもより広い視野で子どもを捉えていける力へとつながっていきます。ところが、新任心理職は一職名（心理療法担当職員／治療指導担当職員）に関わらず一「個別心理療法」と同じもしくはそれ以上の割合で、「生活場面への関わり」の業務に携わっているという現状があります。現場からのニーズによっては、経験が浅い頃は心理療法は実施せずに、生活場面での子どもへの支援を中心に業務を行うという場合もあるようです。施設の考え方にも左右されますが、児童養護施設では日常の生活支援を通した自立への支援が大きなウエイトを占めることになるため、新任のうちから生活場面を直接目で見たり、実際に体験したりすることが、子どもへの支援やCWとの連携などに良い意味で影響を与えていくということがあるといえます。加えて、生活場面に関わるということは、それだけCWなどの他職種とともに子どもと関わったり、他職種同士でやりとりを行ったりする時間も必然的に多くなるため、チームとして子どもを支えていくという関係性を形成しやすくなることもあるようです。ただし、何度も触れてきたことですが、生活に携わることは難しさも多く、その分さまざまな工夫が必要となって来ます（詳しくは第3章を参照）。そして、多くの割合で一年目から「他職種との連携」を求められることも、多くの職種が働く児童養護施設の特徴と言えるでしょう。

　また、常勤の心理職の場合には、1年目から「ケースカンファレンス」「会議への参加」「嘱託児童精神科医との連携」「施設内研修への関与・参加」といった役割を担うことも多く、チームの一員として施設全体の運営への関わりを求められていることが分かります。専門機能強化型児童養護施設が導入されてから、1箇所の児童養護施設に複数の心理職が配置されることも増えてきており、施設の中での心理職へのニーズや期待がより高まってきているといえるかもしれません。これらの多くの役割を新任の時からこなしていくことは容易なことではなく、知識や支援技術をより洗練させることはもちろんですが、何よりひとりで抱え込まないためにもスーパーヴィジョンを受けたり、勉強会や研修に参加したりするなどの工夫をしていくことがとても大切となってきます（第6章を参照）。

　一方で、ベテランの常勤心理職に比べて、「集団療法」「アフターケア」「家族へのアプローチ」といったような支援に関してはそれほど多くの新任心理職が担っている役割ではないようです。

　このように、時に児童養護施設の職に就いた時から多くの役割を求められることもある新任心理職ですが、何よりも重要なことは、まずは個別心理療法や生活支援といった子どもに関わる支援に対して、ひとつひとつ丁寧に、着実に取り組んでいくことといえます。そして、それらから得られた情報や感じ取ったことをもとに、CWやFSWなどの他職種とのきめ細かいやり取りを日々欠かさずに積み重ねていくことといえるでしょう。

(2)経験年数の積み重ねによる役割の広がり

　個別心理療法や生活場面での支援を実施したり、施設内他職種と連携を行ったりといった経験を着実に積み重ねていく中で、非常勤心理職に関しては2年目以降になると「集団療法」や「アフターケア」、さらには「家族へのアプローチ」といった役割が少しずつ求められるようになってきます。それ以外の業務に関しても、常勤職員よりはゆっくりではありますが徐々に役割が増えていきます。そしてとりわけ6年目以上になってくるとその業務内容はまさに多岐に渡り、施設内での子どもへの関わりや内部連携にとどまらず、子どもをとりまく家族支援の一部を担ったり、「外部機関の連携」といった外部との接点も多く求められたりと、外へ向けた活躍も大きく期待されていくことになります。その期待にこたえるために、非常勤心理職には、限られた勤務時間の中で実に多くの業務を適切に遂行する力をつけていくことが必要となってきます。心理職として他の職場や領域でも活躍しながら、児童養護施設でこれだけの役割を果たしていくのは大変なことで、そのためにもまずは眼の前の役割や課題に一つひとつ向き合い、その経験を積み重ねていくことが大きな力になっていきます。

　一方で常勤心理職に関しては、先に述べたとおり新任の時から多くの役割を求められてはおりますが、経験を積み重ねていくことでよりその内容も質もさらに変化していきます。2年目以降着々とその役割は大きくなっていき、とりわけ6年目以上になるとアフターケアや家族への支援に携わる割合も多くなり、さらには外部との連携もかなりの割合で担うことが多くなります。また、常勤は勤務時間数などの関係で、非常勤心理職よりも多くの情報に触れ、また子どものみならずその家族との交流場面や関係機関との会議などさまざまな場面に立ち会う（対応する）機会も多くなります。そのため、同じ職場にいる非常勤の同僚心理職に対して情報提供を行ったり、他職種との間を繋ぐ役割を担ったりすることも少なくありません。

　上記のように、施設の現場での心理臨床の実践をひとつひとつ積み重ねていくうちに、役割や視点、意識が広がり、深まっていきます。始めは心理療法や生活援助を通して眼の前の子どもと向き合うことで精一杯であったところから、徐々に学校や地域での活動を含めた施設生活全体を見据えたチーム支援へと意識が広がり、さらにはその子と家族との関わりや、将来の姿へと想像力を膨らませながら、さまざまな援助者と連携し、つながりのある途切れの無い支援に携わっていけるような力をつけていくことになります。

　平成29（2017）年度のアンケートでは、平成22（2010）年度と比較すると常勤で心理療法担当、治療指導担当とも20代の割合が半減し30代40代の割合が増えていることがわかりました。平成22（2010）年度では右肩下がりだったものが、今回は30代を中心にした山なりのグラフになってきており、心理職が定着してきていることが分かります。特に常勤の心理職が定着してきているため、今後もますます幅広い役割を担っていくことが予想されます。

2-5　他専門職との連携

　さまざまな問題を抱える子どもへの対応では、CWだけ、心理職だけで解決できない問題も多々あります。そのような現状から、さまざまな専門職が増えていき、同時に連携が非常に重要なものとなってきました。

　また近年では施設の多機能化が求められるようになり、施設内の子どもや家庭への支援から、そのノウハウを生かして、施設外の支援にも力を入れるようになりました。施設に児童家庭支援センターを併設したり、自治体の子どものショートステイやトワイライトステイなどの事業の委託を受けたりする施設も増えています。また、地域活動に施設の建物を提供したり、児童館のような開放活動をしたりするところもあります。これらの事業に関わる中で、養育困難な家庭、被虐待児への関わりなども出てきます。その際に、施設内の心理職の関わりが求められることもでてきます。

　ここでは、施設内で心理職が連携を求められる専門職と、その働き方について紹介しておきます。

①家庭支援専門相談員（Family Social Worker）

　平成14（2004）年から子ども自身への支援だけでなく、子どもを取り巻く家庭や地域との調整など自らケースワークを進め家族再統合を目指す新しい専門職として家庭支援専門相談員（以下：FSW）が、配置されました。現在では、FSWが複数配置されている施設もあり、家族支援において重要な役割を担っています。

　家族再統合には、家庭復帰だけでなく、子どもが家庭復帰できない場合でも、新しい家族の形を模索するために、子どもや保護者に対して支援を行うことも含まれます。そのためには、子ども自身についてはもちろん子どもの周囲の環境についても慎重にアセスメントし、必要な支援について検討することが重要です。

　例えば、心理職が子どもの入所や家族との交流への立ち合い、児童相談所とのカンファレンスへの同席することがあります。その中で心理職は、FSWやCW、児童相談所の児童福祉司や児童心理司らと見立てを共有し、現在子どもが抱えている家族への想いや、子ども自身の状態（発達の偏りや、トラウマ、アタッチメントなど）、子どもの家族や周囲の状態について、アセスメントを行い支援に繋げています。

　今後、子どもに対するより良い支援を行うために、FSWと心理職がより密に連携していく必要があると思われます。

②自立支援コーディネーター・自立支援担当職員

　東京都の場合、退所後の子どもへの支援の薄さという現状への対応として、国に先行し、平成24（2012）年から「自立支援コーディネーター」という施設を退所する子どもたちへのリービングケアおよびアフターケア等を行う職員の配置を開始しました。そして、令和2年度には国が自立支援担当職員加算を創設し、東京都が行ってきた自立支援

強化事業が全国規模に拡大しました。

　退所時に、安心して子どもたちを家庭に帰すことができない状況での家庭復帰や、自立するにも不安を抱えて退所を迎える状況もあります。その中で、退所しても心理的安定が図れずにいる子どもたちも多く、また支援を必要とする家庭も多くあるため、リービングケアおよびアフターケアの充実が求められています。このような子どもたちや家庭にも心理職が関わることも出てきます。

　具体的には、子どもが在籍している期間の支援として、心理職が自立支援コーディネーターやCWと協働し、子どもの学習支援方法についてよりよい支援方法を検討し、施設全体に共有するといった取組みをしている施設も多くあります。さらに、退所した子どもたちと心理職も継続的な関わり、子どもたちが地域においてより健やかに生活できるようサポートを続ける取組みを行う施設も多くあります。退所後も子どもたちが孤立することなく、困った時に頼れる存在として施設が機能するために心理職もできることを今後も模索していく必要があります。

③里親支援専門相談員

　平成24（2012）年度に、「里親支援専門相談員」が配置できるようになりました。施設のノウハウを生かして、里親家庭を支援していく動きです。現在、里親支援専門相談員は施設から子どもが里親家庭に委託される前後のケア、近隣地域の里親家庭への家庭訪問等を行っています。また、近年では「新しい社会的養育ビジョン」の策定に伴い、里親に対して児童相談所、児童養護施設、医療機関、学校等がチームを組み子どもの養育を行う「チーム養育」の重要性も提示されました。里親家庭に措置される子どもの中には、施設で生活する子ども同様に関わりの難しい子どももいます。そのような子どもたちを家庭で養育するには、さまざまな困難を抱えることもあります。施設の場合は、担当CWのほかに心理職・FSW・自立支援担当職員などの他職種もいて、日常的に話し合いながら養育できるという状況であり、それを「うらやましい」と感じる里親からの声もあります。このような状況に対して、施設心理職が里親支援専門相談員と話し合い、里子へのアセスメントをする、里親家庭でできる支援の方法について検討する等の連携による支援が求められてきています。しかし現段階では、里親支援専門相談員が里親家庭の困りごとについて解決したいことがあっても、個人情報保護等の関係や情報の少なさから、心理職に相談することが難しいといった声も挙がっています。

　さらに令和2（2020）年には「委託可能な里親の開拓・育成」「相談しやすく、協働できる環境を作る」「安定した里親養育を継続する」を成果目標とした、東京都フォスタリング（里親養育包括支援）機関事業が始まりました。この事業は、東京都が児童養護施設等に、里親養育の包括的な支援を委託するものです。現在は事業委託された施設が少なく、フォスタリング機関とされている施設と、そうでない施設の間で里親支援の内容が異なっている背景もあり、それによって里親支援専門相談員と心理職との連携の仕方

も施設ごとに、さまざまです。今後、里親委託が進められ、ますます心理職へのニーズは高まっていくと考えられるため、施設としてだけでなく心理職全体が里親支援にどのように関わっていくことができるのか、支援がより豊かになる連携のあり方を模索していくこととなります。

④看護師

平成8（1996）年児童福祉法が改正される以前からわずかな施設において、看護師が配置されてきました。さらに平成20（2008）年の厚生労働省による各施設における看護師配置を推進する動きに伴い、看護師を配置する施設が徐々に増えてきています。服薬管理に対して不安を感じているCWに対するサポートや、施設の衛生管理、環境づくりに対する助言、医療機関への受診の付き添い等を行っています。また、不定愁訴のある子どもや入院を必要とする子どもにまつわる情報共有や、児童に対する性教育などを通して看護師と心理職が連携することもあります。

このように少しずつ看護師が配置される施設が増え、施設内で重要な役割を果たすようになってきていることが窺えます。しかし現状では看護師の配置方法は統一されておらず、配置の位置づけが施設によってさまざまであるという課題があります。今後さらに看護師の配置が増えていくことを期待し、継続して心理職との連携のあり方について考えていく必要があります。

⑤その他の専門職との連携

その他の専門職にはまず精神科医が挙げられます。また施設によっては、言語聴覚士、作業療法士といった専門職がいる場合があります。場合によっては栄養士と連携をする場合もあります。新しい社会的養育ビジョンでは、特別なケアニーズを持つ子どもを受け入れるグループホームの設立も目標に掲げられており、今後、身体的なケアを必要とする子どもの受け入れも増えてくるかもしれません。また、心と身体は密接な関わりを持っており、身体の側面から子どもをアセスメントし、ケアをしてくれる職員との連携は、子どもの支援にも非常に役立つと思われます。

【文献】

児童部会専門職制度委員会(2010). 児童養護施設における心理職の在り方に関するアンケート調査（平成22年度について）

児童部会専門職委員会心理職グループ(2020). H29（2017）年度 施設心理職の実態調査～各職種からみた心理職のあり方と効果について報告書

第3章　心理職の業務１
～子どもと関わる～

第1章、第2章において、施設内の心理職の位置づけやその役割について述べてきました。第2章で概観したように、施設の心理職には幅広い役割が求められており、その業務は実に多様になっています。第3章では、それぞれの業務について詳しく述べるとともに、施設内で実践をしていく上での工夫についても述べていきたいと思います。

3-1　施設での心理療法
3-1-1　個別心理療法
　施設心理職の業務の中で、主となる業務は個別心理療法であり、平成22（2010）年度・29（2017）年度のアンケート結果によるとほとんどの施設で個別心理療法を実施しています。

　児童養護施設は子どもたちが生活をする場所です。その中で心理療法を行っていくには、さまざまな点で工夫や配慮が必要になってきます。ここではその工夫や配慮について、具体的な例を示しながら、児童養護施設における個別心理療法について、考えていきたいと思います。

(1)心理療法の構造・枠について
　児童養護施設は、本来子どもの生活を支援する場であって、心理療法を行うことを想定して作られた施設ではありません。そのため、施設では専用の部屋を設置しているわけではなく、心理療法を行うのに十分に条件が整っているとは言い難い状況です。そうしたなかで困っていることとして、構造や枠の問題があげられます。

表3-1　困っていること（構造・枠について）
設置…心理療法専用の部屋がない、他の目的でも使われてしまう、一定の部屋で話ができない、一部屋しかないため子どもの年齢や状態に合わせて部屋を選べない
作り…広すぎる／狭すぎる、収納がない（子どもの作品を保管する場がない）、遊んでいる声が外に聞こえる
場所…生活スペースと近すぎる、日当たりが悪くて暗い

　構造や枠組みは非常に重要な問題ではあります。我々心理職が教育されてきたのは、厳格な枠の設定がある心理療法モデルであったため、施設の中にどうしたら厳格な枠を構築できるのか、という視点に陥りがちです。しかしながら、振り返ってみると、アクスラインはおもちゃをトランクに詰めて学校を訪問し、ウィニコットはおもちゃのない診察室でスクイグルという技法で子どもたちと関わろうとしてきました。心理療法には条件が整った部屋が必ずしも必要というわけではないのではないでしょうか。目指すべきものは、「条件が整った部屋」ではなく、「クライエントが安心できる部屋」なのです。そのために、我々に何ができるでしょうか。

　部屋の構造や場所が「外的な枠」だとすると、我々心理職の姿勢によって規定されるの

は「内的な枠」と言えます。それは例えば、心理療法での話を生活場面で話さないということで、心理療法という時間に枠をつけることであったり、時間を守るという姿勢を見せたりすることでこの時間は限られた時間なのだという枠をつけるということなどです。「外的な枠」が緩くなりがちな構造の中では、心理職の「内的な枠」が大切になってきます。平成 22（2010）年度のアンケートの中に、生活と治療場面を分ける工夫の一つとして、「セラピールームを退室する時には必ず一緒にカギをかける」という工夫がありました。これはまさに心理職側の内的枠によって心理療法を守ろうとする工夫であると思われます。他にも心理療法で作った作品は持ち帰らない、心理療法中はカギをかける、使用していることが分かるような札をかけるなどの工夫が見られました。また、心理療法専用の部屋がない場合や他の目的でも使われてしまう場合などは、何か一つ、心理療法の時にしかないものを置くなどの工夫をすることも一つの方法かもしれません。一部屋しかない場合でも、中高生などの場合はおもちゃを見えないようにしたり、家具の配置を少し変えたりすることで対応することも可能でしょう。

　このような工夫を考え、それによって心理療法に臨む子どもたちを守ることが施設での心理療法においては大切な視点となります。

(2)備品について

　心理療法を考える上では備品の設定も重要です。相談室に何を置くか、ということは、各流派・技法によって違いがあるので、一概に「これを置くと良い」と言うことはできません。しかし、施設に入所している子どもたちがどのような課題を抱えているか、そしてそれを安全に表現していくためにどのようなおもちゃや備品が必要かということを慎重に検討していく必要があるということは言えると思います。

　G.L.Landreth（2007）は「おもちゃと道具は子どもたちにとってコミュニケーション過程の一部であるので、（中略）集めるというよりもむしろ選定するものである」と述べています。Landreth は、その選定の基準として、『現実生活のおもちゃ』、『行動を通して攻撃性を開放するおもちゃ』、『創造的表現や感情開放のためのおもちゃ』の３つを提示しています。次のページに例を挙げておきます。

表 3-2　おもちゃの例	
『現実生活のおもちゃ』	人形（家族）、人形の家、自動車、電話、お皿やカップ、哺乳瓶など
『攻撃性を開放するおもちゃ』	銃、ゴムのナイフ、ゴム製のボール、粘土など
『創造的表現や感情開放のためのおもちゃ』	積木、新聞紙、粘土、砂（水）、絵具など

　これらの基本的な備品を参考にしつつ、私たちは施設に入所している子どもたちのこと

を考えて、さらに選定をしなければならないかもしれません。例えば、入所している子どもたちの中にはこれまでの成育歴から激しい怒りを内に抱えている子どももいます。攻撃性の高い子どもたちにとって、攻撃性を開放するおもちゃは時に本人でも歯止めが効かないほどの攻撃を引き出してしまうこともあるでしょう。結果として物を破壊し、心理職との関係をも破壊してしまうこともあるかもしれません。そこで彼らが体験するのは深い絶望と罪悪感かもしれません。また、その攻撃性を止めるために、心理職が「〜をやってはダメ」と制限を与えることで、彼らは自由にふるまうことができなくなる可能性もあります。もちろん制限は必要なことではありますが、何度も制限をかけなければならないのであれば、そもそも置かないという判断も必要であると思われます。また、砂や水などは部屋の構造によって適切か否かを判断する必要があります。例えば床に絨毯が敷いてある場合、絵具や水を用意するのは不適切かもしれませんし、逆にレジャーシートなどを用意することで、絵具や水を使えるようにすることも一つの方法です。部屋が広すぎることで子どもが安心しないのであれば、テントなどを用意することも一つです。テントが買えないのであれば、大きな布や物で部屋を区切ることも一つの考えです。

　おもちゃや備品を選定する上で重要なのは『子どもの状態×心理職のキャパシティ×部屋の構造』の相互作用を考えるべきでしょう。繰り返しになりますが、大事なことは子どもがいかに安心して内的世界を表現できるか、ということになると思います。一人ひとりの子どもに対してそれを慎重に考えること自体が、治療的な意味を持つものと思われます。

(3)心理療法の内容について
　施設で行われている心理療法は多岐にわたります。施設で勤める心理職が依拠している理論として、以下のような理論や技法があげられます。

表 3-3　施設心理が依拠している理論や技法

理論	技法・手法
精神分析 ユング心理学 クライエント中心療法 認知行動療法 アタッチメント理論 トラウマ理論	プレイセラピー（遊戯療法） カウンセリング 箱庭療法 描画法 　（バウムテスト、HTP、S-HTP、HTPP、 風景構成法、スクイグル等） SST TF-CBT

　多くの人は複数の理論や技法を使用しており、それはさまざまな課題を持った子どもがいるため、複数の理論や手法を使用する必要があることが主な理由と思われます。
　どの方法を使って心理療法を実施するにしても、共通して必要なことがあります。
　まずは、子どもを見立て、きちんとケアの計画を設定することです。対象の子どもの心

身の状態、能力、発達段階、環境、生い立ちを理解した上で、その子どもにとっての目標を設定しなければなりません。そして、その目標に到達するために、何を使い、どのくらいの期間で、どのような道を通ればいいのか、という言わば治療の青写真を描くことで、どのような介入をしていくかも決まってきます。もちろん、子どもの状態や子どもを取り巻く環境などによって、途中で見立てが変わってくることもあります。特に子どもは大人よりも環境に左右されやすいため、養育環境を考慮に入れることは必要不可欠です。また、成長途中であることから不安定でもあり、定期的に、あるいは必要に応じて設定を見直していくことも必要になってきます。

　また、施設に入所する子どもの多くは、不適切な養育環境に置かれた経験をしています。そのため、ごく一般的な養育環境や人間関係で自然に身につけられるはずであったさまざまなことを獲得できていない、ということもよく見られます。成長の過程で適切な刺激を受けていないために、発達に遅れや偏りが見られることもあります。そのため、心理療法は治療的な側面ばかりではなく、心理教育や療育の視点を持つことも重要です。

　次に年齢別に心理療法の特徴について見ていきましょう。

①低年齢児の心理療法

　幼児から小学生の心理療法では主にプレイセラピーが用いられます。大きな特徴としてあげられるのは、『遊べない』子どもたちの存在です。子どもたちの多くは成育歴の中で、非常に過酷な体験を経てきています。虐待のみならず、経済的な困窮や、養育者の精神疾患等、子どもたちの育ってきた環境はまさに『遊び』のない状況であったと思われます。遊びに迷う子、ボードゲームやトランプ等の型の決まった遊びばかりする子、セラピストの顔色をうかがいながら遊ぶ子…「自分のやりたい遊びをする」ということ自体がプレイセラピーの最初の課題になることも少なくありません。

　施設でのプレイセラピーでしばしば問題になることとしては、攻撃性の問題があります。心に激しい怒りを抱えた子ども、虐待の再演としての暴力と支配、試し行動としての攻撃等が見られることがよくあります。時にセラピストが本当に腹を立てるほどの攻撃をしてくることもあるでしょう。「子どもの表現だから受け止めないと…」、「そうやって発散させた方がいいのでは？」と思うこともあります。しかしながら、それが結果として、セラピストと子どもの関係性を破綻させることになってしまっては、心理療法自体の意味をなさなくなってしまいます。闇雲に受け入れたり制止したりするのではなく、攻撃の意味やセラピスト側の逆転移にも注意が必要になってきます。

　幼児から小学生は身体的・心理的・社会的な発達が著しい時期でもあります。幼稚園ではうまく適応できていたのに、就学後に途端に適応が難しくなるというケースもあります。個々の子どもの発達状況のみならず、一般的な発達課題についても心に留めておくと、今の年齢でどんな支援をしたらよいのか、考えやすくなるでしょう。

②高齢児の心理療法

　高齢児の心理療法の最大の特徴は、対象が思春期であるということです。思春期は、自分自身について将来も含めて考えなければならない上に、友人関係や恋愛関係が特に大きく絡んでくる時期であり、一般的にも心が不安定になる時期です。入所している子どもたちにとってもやはり、大きな困難の時期と言えるでしょう。この時期に心理療法で扱われるテーマの多くは「人間関係」「過去の体験」「将来について」となりますが、特に高校生以上になると、退所後や将来設計を軸として心理療法が展開されます。直接的に将来のことをテーマに話すというよりは、本人の持っている課題へのアプローチの入り口として、将来というテーマを扱うというケースが多数です。そのため、本人自身の課題と、退所後のことや将来についてを並行して話していくような流れになります。本人の状態や退所までの時期を見ながら、ある程度計画的に自立の話題を織り込むタイミングをはかる必要があります。そのため、見立てと介入の計画を、こまめに見直していくことが大切です。

　また、高齢児になってから施設に入所してきた子どもは、自立までの時間が短いという現実もあります。一年ないし数か月のプランを立てなければならないことも多く、目標の設定もかなり難しいと言えます。

　その他の難しさでは、行動範囲や行動時間が増えるため、スケジュールが立てにくかったり心理療法へのモチベーションが低下したり、という難しさもあります。心理療法の動機づけを確認することは、重要と言えるでしょう。

　子どもが持つ課題は、そればかりではありません。虐待を根に生じたトラウマ、アタッチメントの問題、対人関係の問題、攻撃性、支配性、解離、性的な問題など、セラピストが戸惑うくらい非常に重篤な課題を持つケースも施設では多く見られます。子どもを理解するために子どもが体験してきたことを想像すればするほど、それに圧倒されたり混乱させられたりすることも珍しくはありません。

　それでも、そういった子どもに対して、我々は「心理療法において何ができるのか」を考えなければなりません。特定の課題に特化した技法や手法を用いることも方法の一つです。例えば、アタッチメントに課題を持つ子どもには、アタッチメント問題を扱うための理論や方法論がありますし、トラウマティックな経験をした子どもには、トラウマを扱うための理論や方法論があります。我々は子どもたちの持つ重篤な課題に対処するために、さまざまな対応方法を積極的に学ぶ必要があります。

(4)心理療法にまつわるさまざまなこと
　①心理面接と生活場面

　　施設での心理療法では子どもの生活圏内に相談室があるという特徴があります。それは、施設の行事などの面接時間外に子どもと出会うことや、自分が面接している複数の

子どもと生活場面で一緒に過ごすといったことを意味します。構造化された面接の枠組みでクライアントと接するトレーニングを受けてきた私たちにとっては、戸惑いを感じることもあると思います。それは、私たちが大学（院）で学んできたようなオーソドックスな外来型のスタイルとは異なり、面接室は子どもが生活する空間と同じ敷地内か同じ建物の中といった、いわば子どもの生活圏内に面接室があるという構造であるがために感じる戸惑いと言えると思います。

　生活場面と面接での子どもの対応の仕方や接し方の切り替えの難しさ、面接時間の頻度や時間などの面接の枠が緩みがちになるという一方で、生活に近いがゆえに面接が可能になったり、生活に近い面接だからこそ生活に展開しやすくなったりするといった子どもたちの生活場面に心理職が入っていくことのメリットもあり、どちらの面も考慮しながら関わることが要求されます。

　滝川（2004）は、「セラピストが、保母、指導員、教員などのスタッフとともに多数の入園児童の『共同生活』（共同治療）の場に関与していくのが、情短施設における治療である」と述べ、さらに、「セラピストは面接室の中だけで子どもに関わるべき」といった外来型の基本原則に対し、「治療室を一歩出れば、治療者もクライアントも一私人である場を前提としたルールであって『入園』治療という（別の構造を備えた）治療の場においてはそれなりの応用（技法の修正）が必要」と述べています。

　施設では、治療の場と生活の場は一体であり、心理職が行う心理療法だけが治療なのではなく、日常を共に過ごすCWとの関係においても治療的な関わりが行われています。むしろ施設における心理療法の目的は、CWと子どもの関係を治療的関係と捉え、それを促進させることなのかもしれません。

②心理面接の導入
　心理療法を受ける子どもを施設の中でどのように決めているのか、ということも重要なポイントです。施設臨床の特徴として、心理療法への動機づけがない子どもたちが心理療法に来る場合もあります。その動機づけや子ども自身の課題をどう意識していくかによって、その後の心理療法の経過が変わっていくことは、セラピスト側が留意しておくことです。

　a)心理面接対象の子どもをどのように決めているか
　　心理面接の対象になる子どもの多くは、日常生活を共に過ごすCWからの要望をきっかけに選ばれると思います。子どもが抱える問題は、虐待によるトラウマやアタッチメントの課題、攻撃性や支配性、性的問題など深刻なものが多く、対応をせず放置したり対応を誤ったりすると子ども同士の関係においてもこうした問題は再演され、より深刻化する恐れがあります。施設での心理療法は、CWもどうしてよいか対応に困っているようなことを補うということがきっかけで始まることがあると思われま

す。児童相談所から送られてくる児童票やCWなどとのコンサルテーションから得られた、子どもの成育歴や情緒的課題、発達的課題などの情報や、心理職が生活場面に入った際に子どもとの交流・観察を通して、心理職の方からCWに心理療法が必要であることを提案していく場合もあります。他にも心理職が施設に根づき始め、心理療法というものが子どもたちに周知され始めると、子ども自身から面接の希望をしてくる場合もあります。この場合、安易に子どもの希望を受け入れることは得策ではありません。まずは子どもから希望があったことを担当CWにも伝え、子どもが心理療法に何を期待しているのか、担当CWとしてはどう考えるか、心理療法ができるケース数には限りがあるので施設内での優先順位も考える必要があるでしょう。また、入所の段階で、児童相談所から継続的な心理療法が必要だという所見を受けることもあります。

　いずれの場合にも、事前に担当CWとの合意は必要ですし、目標の設定も重要です。施設によっては心理療法の対象児を選ぶ際の手順が決まっていることもあります（どの会議で決定するのか等）。CWに言われてやってきたのか、何かの罰（ペナルティ）として心理療法を受けるように言われたと子どもが感じているのか（罰として受けると感じているのは良いことではありません）、自分の希望でやってきたのか。それによっては動機づけの程度がかなり異なってきます。

b)面接への動機づけが低い時の対応
　施設での面接の多くは、CWからの要望や心理職の判断で始まることは先述しましたが、いざ面接を開始したのはいいが、CWの心配や心理職が感じていることとは裏腹に面接に来る子ども自身の面接への動機づけが低いことで面接が深まらなかったり、中断したりすることがあります。

　例えば、年齢の低い子どもの場合、日頃一緒に過ごしているCWから離れて相談室で心理職と一対一で会うことに不安を感じるといったことがあるでしょうし、思春期を迎えた多感な時期の子どもは、面接で自分が問題視されていると感じたり辛い過去に触れられそうになったりすることで面接に抵抗を起こすことがあります。

　そこで、面接を始める前の準備として、担当CWと十分に話し合っておくことが重要になります。例えば、年齢の低い子どもの場合、初めの数回は担当CWにも同席してもらう形を取って、心理職との関係づくりをしながら一対一で会う準備を整えるという方法もあります。面接を始める前のコンサルテーションでCWが子どもに対して問題に感じていること・心配していることを確認しておき、それらをCW同席の面接の中で子どもとCWと心理職との三者で共有することで「一人で抱えず、みんなで一緒に考える」といったスタンスをつくっていけるかもしれません。

　また、施設での心理療法の目標は、虐待による心的外傷の治療やアタッチメントの課題からくる行動化の改善など複雑多岐にわたります。しかしながら、多くの子ど

もは過去の辛い体験や家族に関することに触れられることに強く抵抗、または回避する傾向があります。こうした大きな目標（長期的な目標）は、日常生活での人間関係や学業、食事や睡眠などの生活態度での「とりあえずの目標（短期的な目標）」としてまず現れてきます。

　まずは、日常生活に近いとりあえずの目標を扱っていくことが無難かもしれませんが、面接が進むにつれ、過去の辛い体験や家族に関することに触れることが出てくると思います。こうした時に、子どもから強い面接への抵抗が起こり面接が中断したり、そうした話題を回避したりすることで話が深まらないといったことが起こる場合があります。

　河合（1970）は、「中断は残念であるが、中断を恐れると、われわれの態度が甘くなってしまう。（中略）カウンセリングというのは、非常に大きな仕事をクライアントとカウンセラーと二人でやり抜くわけだから、仕事に対して二人の力が及ばないとき、あるいは、そういう『時』が来ていないときはむしろ中断されて次の機会を待った方が良いのではないかと思います」、と述べ、中断の意味を心理職がきちんと見極めることで面接の再開の準備につながると指摘しています。子どもが過去の苦しいこと、辛いことと向き合おうとしている時に、心理職がこうした話題を回避していると面接は甘くなってしまうのかもしれません。しかし、強い抵抗の中、沈黙や回避する子どもに心理職があえて苦しい話題を言葉にして一緒に感じ入ることは、たとえ心理療法が中断したとしても、子どもが過去と対峙するための態勢づくりになると思います。

　そしてまた、心理療法が中断したとしても、担当CWに対するコンサルテーションや、生活場面での関わり等、異なる形で関わりを継続し、子どもを支えることができるのも施設臨床の大きな特徴です。

③心理面接の終結
　終結についても施設臨床に特徴的なことがあります。突然の退所により、セラピストも子どもも準備ができないまま終結を迎えることがある一方で、何年も継続する場合もあります。施設によっては目標を決め、それが達成した時点で終結する場合や、あらかじめ面接期限を決めて面接を行う例もあるようです。いずれにせよ、何か問題が生じた際には再開するといった約束事を決めておくことを前提にしていることが多く、それを可能にできるのも施設臨床ならではの特徴だと思います。

　終結のかたちとしては、以下のように大きく三つの形に分けられると思われます。
・「子どもの退所に伴う終結」
・「施設での生活が続いている中での終結」
・「担当している心理職の退職に伴う終結」

「子どもの退所に伴う終結」では、家庭復帰や措置変更といった子どもや家庭の事情での退所や、自立のための退所に伴い、心理療法が終結する場合があります。こうした場合、子どもの主訴や抱える課題が十分に解決できていない場合が多いため、終結というよりも中断に近い形で心理療法が終わってしまいます。平成22 (2010) 年度のアンケートの中でも退所に伴う終結というケースが多く見られましたが、多くの場合、「退所に伴う不安な気持ちを丁寧に扱う」、「施設を離れる・心理療法を終えるといった喪の作業をする」、「(施設に限らず) 困ったことがあったらどこかに助けを求めてよいことを教える」といったことは多くの施設において実践されていました。

　「施設での生活が続いている中での終結」には、子どもの主訴が改善されたと判断されたための終結、子ども本人の申し出による終結などがあります。ただし、終結、「面接を終える」という意識というよりは、「これまでよりも頻度を減らす」、「必要に応じて再開する」といった面接の構造の変更や一時的な中断という場合もあります。子どもの年齢に応じて迎える心理・社会的発達段階や危機、新たに入所してくる子どもとの関係におけるストレスやＣＷの退職による喪失体験など、多くの危機や負荷はなくなることはありません。重要なのは、これまでの心理療法の振り返りや終結への子どもの気持ちを受け止め一緒に考えていく時間を十分に取ることです。また、困ったことがあった時や必要を感じた時には、いつでも相談できるといった約束をしておくことも、子どもが安心して心理療法を離れる手助けになります。

　また、子ども本人の申し出による終結の場合、「悩みが解決した」という明確な主訴の解消という形もありますが、学業や友人との付き合い、部活・アルバイトなど外部に消費するエネルギーが増して、根本的な解決には至っていないけれども悩みを抱えつつも自我を保つ力を培うことができたことで、自然と心理療法に来る動機づけが薄れていくこともあります。また、子どもの中では、「今の自分なら一人でできそうだ」、「何かあればまた相談できる」といったイメージができることは、セルフモニタリングできるだけの自尊感情が向上し、リソースが十分蓄えられた目安とも見て取ることができると思われます。

　「担当している心理職の退職に伴う終結」もあります。何らかの理由で心理職が施設を辞めることになった際、子どもは「見捨てられた」といった怒りや嘆きといった負の感情を起こすことがあります。あるいは、「自分のせいで辞めてしまう」といった自責の念に駆られるかもしれません。子どもはこうした負の感情を抑圧し心理職が退職後にＣＷや次の担当心理職に対し行動化を起こすこともあります。退職する心理職に対して、子どもが、怒りや悲しみをすべて出し切るということは難しいと思いますが、退職までの残りの時間をかけて丁寧にそのことを扱っていくことは必要なことであると思われます。また、次の担当心理職にきちんと引き継ぎを行い、次の担当心理職との間で前任の心理職への思いを整理することも大事になってくるでしょう。

Column ❷　面接室とユニットとの距離

　施設でいろいろな子と個別心理療法をしていると、面接室と生活場面との物理的な距離自体が子どもの表現するものに影響を与えているのではないかとなんとなく感じることがあります。同じ建物内でも若干遠いユニットの子どもはそれなりに生活を保ちつつ深いものを表現したりもするのですが、面接室のすぐ近くのユニットの子どもはそれよりももう少し現実に近いものを表現してくるように思います。

　単純に考えて心理療法の中で深い表現をした後にすぐに切りかえて生活場面に戻るのは大変なことですし、きっと子ども達は今あるその枠の中でできることを表現してくれているのでしょう。子どもによっては面接の後にちょっと寄り道をしてからユニットに戻るなど、なんとなく工夫をして区切りをつけようとする子もいるようです。

　このようなことが見えるのは施設ならではだと思いますが、そういう面接室の外で起こっていることについても心理職は敏感になっておきたいものだと思います。

　外来型の個別心理療法を学んできた心理職にとっては生活場面に入るということは未知のことで、そこでどんなことが起こるのか、きちんと対応できるのか心配に感じる人もいるかと思います。

　施設で心理の業務を行っていると、生活場面に積極的に入ろうとしていなかったとしてもちょっとしたことで面接室の外に出て子どもと関わる必要が生じることがしばしばあります。例えば夕食後の個別心理療法の後、暗い中をユニットまで帰ることを渋った子どもの求めに応じて心理職がユニットまでその子を送ったことがありました。明るい面接室で一緒に過ごした後にほんの短い間ですが暗い夜道を一緒に歩いていると、それまでには出なかった言葉をポロッとこぼしたりもします。面接室の外に少し出るだけでも個別心理療法での関わりの時と違うことが起こります。もしかしたら夜の送る時間自体を 1 つの「枠」としてとらえることもできるのかもしれません。

　これを心理職が生活場面に入ることについて当てはめれば、同じ子どもと関わる場合でも、「夕食」や「他の子どもとのケンカ」など、個別心理療法場面とは異なる「生活場面のある特定の状況という枠」の中で関わるのだと考えることもできるでしょう。そのように考えてみると、生活場面で子どもに関わる必要が生じた時でも心理職としての構えを作って入りやすくなり、その場面に合わせた振る舞い方もしやすくなるようにも思います。

　ちなみにここに述べたことは、あくまでも面接室から出て生活場面に入る第一歩として「構えを作って生活に入る」あり方をまとめてみたもので、CW のように「生活の中で子どもと関わる」あり方とはまた異なるものです。心理職が生活の中でどのように子どもと関わるのが望ましいのかについて今のところ正解はないと思われるので、どのような形でもまずは生活場面に入って CW と協働し子どもと関わっていく中で、自分なりのスタンスをつくっていけたらよいのだと思います。

3-1-2　グループへのアプローチ

　施設での心理療法では、個別心理療法以外にグループへのアプローチを実施することがあります。ここでは施設の中でグループへのアプローチを行う上での留意点（実施する際の注意や子どもの選定の仕方など）について触れておきたいと思います。

(1)グループへのアプローチをはじめる前に

　グループを扱う技法には、セカンドステップやソーシャルスキルトレーニング、療育などさまざまです。どのような技法にも背景になる理論や禁忌事項があり、技法に合わせて子どもを選ぶのではなく、実施するグループのメンバー構成やそのグループの目的に応じて技法の選択をするという視点は常に頭に入れておきたいことだと思います。

　また、集団への適応に困難さを抱えている子どもがグループに入っていくということは大変エネルギーの要ることだと思います。子どもたちが安心してグループへ入っていける、またグループの中で喜びや一体感を感じられるようなプログラムの内容や土壌作りにも十分心掛けたいものです。これから始めようという方には参考として、既に実践されている心理職の方たちには他施設の実践の様子をご覧頂き、今後の支援に役立てて頂けたらと思います。

(2)グループへのアプローチを行う際に

　グループへのプログラムの実施前にまず、「枠の設定」を明確にしておくことが重要です。プログラムの「時間や場所」、「グループへのアプローチの目的」といった大きな枠から、プログラムの「内容」や「流れ」、グループの中の「ルール」といった細かい枠を予め設定しておくことは、子どもたちを守り、安心してグループに入り、居続けるための土台になります。

　また、プログラムを進める上で、監督（ファシリテーター）やスタッフの役割を明確にしておくことも重要です。監督は、プログラムを始める前に「グループで起こった出来事（誰がどんなことをした・話した）への守秘義務」があることや暴力暴言などの禁止のルール、プログラムの最中に不安が喚起されたりグループに居続けることが苦痛に感じたりした時に誰に助けを求めたらよいか（例：話を聞くスペースを設ける。途中退席を認める）など、グループの中のルールやスタッフの役割を明確にしておきます。このことは子どもの安全の配慮として欠かせないことだと思われます。

　また、対象のグループの年齢やグループに参加するメンバーに合わせてプログラムの内容を計画することも重要です（対人スキルの獲得を目的とするのか、具体的に困っていることや身近なテーマをグループで扱うのかなど）。

　導入の一例を挙げると、グループの中のメンバー一人ひとりの目標やグループに期待していることを発表し全体で共有することは集団への参入になりますし、個々にグループとしての目的をイメージするなら個人の考えや気持ちだけでなく他者の視点に立って考える

練習になると思います。

　心理職の役割としてはグループのファシリテートが主となりますが、他にも子どもの気持ちを代弁したり、一緒に考えたりする補助自我としての役割もあります。また、言葉だけでなく、表情やポーズ等のアクション（非言語）を積極的に用いることで、コミュニケーションの方法のモデルになることも一つの役割です。

　何より、グループに参加する子どもたちはそれぞれ個性も生い立ちも、そしてグループに参加する目的もそれぞれであり、特定の子どもへの偏った介入や介入しすぎないといったことは特に注意しておきたい点であると思います。

(3)グループの対象の選定について
　対象になる子どもたちをどのようにして選定するかということも難しい問題だと思われます。対象の子どもたちの年齢、性別、環境（成育歴）、知的発達水準、集団力動に耐えうる自我の強さ、などグループを構成するために検討が必要な要素は多岐に渡ります。アンケートの中で、選定方法に関して以下のような意見がありました。
・学年（幼児グループ・思春期グループなど）
・性別（同性グループにする）
・子どもの理解能力・特性
・行動化の有無・多少
　（行動化の少ない子や、複数のメンバーで活動しても刺激にならないメンバー）
・性教育への子どもの関心の度合い（性教育は学年別で行う）
・特定のユニットを対象とする

また、ある目的に応じて選定する場合や参加の条件を決めておく場合もあります。
・コミュニケーションを伸ばすプログラムに適している子ども
・対人関係や集団内での関わりをフォローしていきたい子ども
・類似した問題を抱えている子どもを同じグループに入れる
・毎月継続的に参加できること
・暴力を二回したら退室

　個別心理療法の場合と同様に、対象の子どもを選ぶきっかけはCWからの要望であることが多いですが、心理職が生活場面に入った際に個別面接では見られない子どもの気がかりな姿が見られた時には、心理職からCWに提案したり、会議など全体の場で検討したりするなど、選定の視点を広く持つことも重要なことと思います。

3-1-3　心理プログラム

　児童養護施設の入所児童にはさまざまな課題を抱える子どもが入所しているおり、そうした課題に対応するため、近年多様な心理プログラムが実施されるようになっています。平成29（2017）年度のアンケート結果から、多くの施設で入所児童に対して何らかの心理プログラムが実施されているということが分かりました。

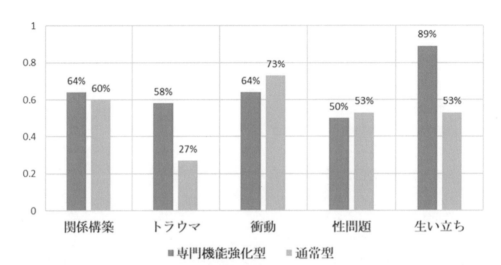

関係構築：子どもと養育者の関係構築（PCIT、CARE、愛着形成の取り組み等）
トラウマ：トラウマケア（TF-CBT、EMDR等）
衝動：衝動コントロール・暴力防止（セカンドステップ、CAP等）
性問題：性加害－被害への対応性問題（ロードマップ、マイステップ等）
生い立ち：生い立ちの整理（ライフストーリーワーク等）

図3-1　施設ごとの心理プログラムの実施状況

　心理プログラムを実施するにあたっては、グループへのアプローチ同様、まず対象児童に対してどういったプログラムが必要なのかという見立てを行う必要があります。それからプログラムを行う上で必要な資格や技法、環境整備、施設内で実施が可能なのか、外部機関を利用するのかなどの検討を行っていきます。プログラムによっては、CWやその他の専門職・外部機関との協力・連携が必要となってくる場合があります。どのように情報共有を行うのか、どういった役割分担を行うのかについて十分に協議しておくことが大切です。またプログラムを実施することで、生活の中でどのような変化が想定されるのかということも、予め共有しておくことは、CWにとっての不安の解消や心構えにもなります。

　平成29（2017）年度のアンケートでは、心理プログラムを実施したことによる効果について、概ねどのプログラムについても8〜9割ほどが効果を感じている、という結果が出ています。また心理プログラムは、他職種が『心理職に期待すること』の項目で、専門機能強化型心理療法担当職員・治療指導担当職員・通常型心理療法担当職員のどの立場であ

っても高い結果となっており、施設において心理プログラムが求められていることがうかがえます（外部機関については第 7 章参照）。ただし、こうしたプログラムを行うにあたっては、子ども側をプログラムに合わせたり、生活基盤を揺るがすような形で用いるなど『プログラムを行う』ことに重きを置いたりするのではなく、そのプログラムをよく理解し、柔軟に適用していくことを心掛ける必要があります。

Column ❹ 行き渋りを考える

　小学生のＡくんは、虐待の主訴で入所しました。学校では適応が良いものの、施設内では易怒性がみられたり、生活職員が近づくと怖がる様子があり、プレイセラピーを開始しました。

　プレイでは、温かな家族がドライブに行くことから始まりますが、展開していくうちに、不良に絡まれて理不尽な暴力を受けたり、警察に訴えても聞いてくれないことがみられます。虐待を受けながらＡくんが感じていた絶望感がとても伝わってきました。成長につれ、フラッシュバックで声が聞こえる話もするようになり、トラウマの心理教育を行い、自分が悪かったのではない、自分がおかしいのではないとの理解が進みました。中学に進学すると、不登校が始まりました。勉強を補うために通塾を開始した頃から、布に包まる等の"休む"ことで自分の心のしんどさを表現するようになりました。だんだん、面接を「疲れた。今日は早めに帰るわ」と早退したり、実施日や開始時間の声掛けに「わかんねぇ」との返事をするようになりました。早退の際には＜疲れたときには休みが必要だからね＞と伝え、翌日に体調を聞き、＜疲れが取れて良かったね＞と伝えました。休みの際には、翌日に次の日程を伝える声掛けをしました。

　心理面接が休みの間に、生活場面では、給食を食べに行ったり、休まず塾に行くようになりました。以前は引きこもっており、塾も休んでいたと思うと、心理面接を休むことでＡくんなりに自分の力を試していること、心理面接を休んでも職員はわかってくれるとの絶対的な安心感があるため無理をしなくなってきたと考えました。私が考えたことを、会議で生活職員と共有し、Ａくんが"もう大丈夫"と安心して心理の場に行けるまで、しばらく見守っていこうと確認をしました。すると、Ａくんが「今日、俺心理？」と職員に話しかけるようになったのです！さあ、今度はどうしようか、と考えました。生活職員からの、Ａくんは面接の休みが続いたことで、待ってくれていた心理職員に対し、悪かったかなと気まずい気持ちがあるのでは、との意見から、『Ａくん、面接室を生活職員に教えてよ』作戦を立てました。Ａくんは快く引き受け、「あんま（部屋が）変わってねぇな」とにやけ、「これ俺のお気に入り」と剣を振り回しました。

　そして、待ちに待った再来室。振り返ると、８か月もの休みがありました。現在は、クッションを投げ合うものの、以前よりも会話が増えている印象があります。Ａくんが休み続ける間、私はＡくんのことをずっと考えていました。自分のことを思ってくれる存在があるという安心感は、人を一歩踏み出させる力があるのかもしれませんね。

　私が施設に勤めるようになって2年目のころ、小学校1年生のA子の心理療法を始めることになりました。A子は心理療法の時間をとても楽しみにし、シルバニアやぬいぐるみでごっこ遊びをして楽しく遊んでいました。しかし、退室時間になると、「時間じゃない」と声を荒げたり、「だったら来週来ないから!」と言い捨てて帰ることがしばしばありました。退室しぶりは、関係性が安定すればなくなるだろうと思っていた私は、＜帰りたくないって思うんだね。でも私は来週もここで待ってるからね＞と型通りのことを伝えていたのでした。しかし、A子の退室しぶりは一向に収まる気配を見せません。「うちはここにいる」と15分も20分も退室をしぶる時もあれば（最長記録は30分!!）、退室をめぐって大喧嘩になることもありました。退室時に部屋中のおもちゃをばらまく、相談室のカギを閉めて立てこもる、寝た振りをし続ける等、かなり気合の入った回も数回ありました。

　次第に私は、『これだけ激しい退室しぶりをするということは、ただ単に試し行動の意味だけでなく、A子にとって何か意味があるのではないか。』と考え始めました。A子の成育歴を省みると、A子にとって退室するということは喪失体験に近い強さを持っているのではないか、「この人はいつも（心の中に）いてくれる」という安心感を得ることがとても困難なのではないかと思われました。私は担当CWにそのことを伝え、心理療法の時間が長引くことを了解してもらいました。そのことで、私も担当CWも予定時間を過ぎることにイライラすることなく、A子に退室をしぶる余地を作ることができました。その後もA子は退室しぶりを続けましたが、一方で「1時間半くらい遊びたいな。」と相談室にいたい気持ちを心理療法の中で言葉にするようになっていきました。

　その後、A子の退所に伴い、心理療法も終結することとなりました。その頃の遊びは、目隠しをしながらおもちゃを触って当てるゲームをしたり、目隠し鬼をしたり、どこかこれからの不在に備え、心の中に互いに相手を思い描く練習をしているかのようでした。最終回、A子は最後の退室しぶりをしました。「もう終わり?短いよ」「ずっと遊びたい。ずっとここにいたい」と切々と語りました。＜今までのようには会えないけれど、私はここにいて、A子のこれからをちゃんと見守っているよ＞と伝えると、A子は伏せていた顔をあげ、ようやく相談室をあとにしました。

　A子は実に5年間もの間、ほぼ毎回退室渋りを続けました。退室時のまさに激闘の中で、A子は私に退室しぶりの意味を伝えてくれたように思います。「また来るね」と言って来ない親もいます。離職率の高い施設の現場では、毎年のように別れを体験させられます。彼らにとって、退室は決して簡単なことではないのだと私たち心理職は心に留めておく必要があるのかもしれません。

3-2 心理検査

　施設にはさまざまな子どもがいます。そのため、使用する心理検査の種類も必然的に多くなります。多くの施設で使用されている検査は、以下の表のようになります。

表 3-4　施設で使用されている心理検査

知能・発達のアセスメント	WISC K-ABC II 田中ビネー知能検査 新版 K 式発達検査　等
性格・特性のアセスメント	バウムテスト HTP（S-HTP、HTPP）テスト 風景構成法 P-F スタディ 文章完成法（SCT）　　等
トラウマのアセスメント	TSCC IES-R　等
発達障害のアセスメント	Conners3 PARS-TR　等
その他のアセスメント	Vineland-II 適応行動尺度　等

　この中で特に活用されているのは、WISC と描画テストです。検査バッテリーとしてポピュラーなこともあると思われますが、実際に多くの検査を施設で揃えることが難しく、結果として実施する検査が限定されているという面もあると思われます。

　また、心理検査を実施していないという施設もあり、その場合は、児童相談所に依頼することもできますし、通院をしている子どもであれば、主治医と相談をして病院に依頼するという方法もとれます。

(1)検査の実施

　ケア全般に対して言えることですが、心理検査も単に実施するだけでは意味がありません。この子はどのような子でどのようにケアをしていくか、というアセスメントの中のひとつの側面として、検査を実施することが大切です。

　そのため「いつ」「何のために」「どのような」検査をするのか、目的と手段をきちんと設定する必要があります。また、子どもがその検査をできるかどうかも大切なポイントです。設定した検査バッテリーがどんなに素晴らしいものでも、子ども自身に実施する力がなければ、子どもに過度な負担をかけることになります。実施したい検査の種類や時間が子どもの能力に合っているかどうかを検討しておくことが必要です。

(2)フィードバック

　アセスメントの一環ですから、当然フィードバックも重要になってきます。フィードバックの対象は、多くが担当CWですが、その他にも必要に応じてさまざまな職種を対象にフィードバックを行うことも多々あります。施設内であれば、ＦＳＷ、管理職、職員全体、精神科医、他の心理職が挙げられます。外部では、担当児童福祉司、児童心理司が主になりますが、学校に行う場合もあります。また、本人にフィードバックを行うこともあります。

　担当CWやＦＳＷ、心理職、その他職員にフィードバックする際には、多くは施設内のカンファレンスやミーティングの際、口頭で行います。場合によっては資料を作成することもあります。そのようなタイミングがなければ、空き時間など自ら時間を見つけてフィードバックすることもあります。

　フィードバックを行う際、まず気をつけるべきことは言葉の選択です。フィードバックの相手が同じ心理職や精神科医などであれば、専門用語を使用しても問題はありませんが、CWや教師など他職種が対象である場合、専門用語を日常で使用する言葉に置き換えるなどの工夫が必要です。また、同じ用語を使っていても、持っている知見の違いや受け取り方の違いなどから誤解が生ずる場合もありますので、念のために資料を用意するなどの配慮も大切になってきます。

　さらに、子ども本人にフィードバックを行う場合には、子どもの年齢や能力に応じた、わかりやすい言葉や形式を選ぶことが必要です。他にも「伝える理由」「伝えることによる影響」を考慮し、情報の取捨選択や伝え方にも配慮する必要があります。知能検査を例に挙げると、数値は伝えずに「得意なこと」「苦手なこと」といった言葉で伝えたり、グラフのみを見せて要旨を説明したりするなどの方法があります。

3-3　生活場面への参与について

(1)東京都の現状

　児童養護施設に心理職が配置されて以来、心理職が生活場面に参与することのメリット・デメリットについては、常に議論の的になってきました。第2章でも述べたように、多くの心理職が生活場面に参与しており、治療指導担当職員は生活に参与することが業務として位置づけられているため、ほとんどの人が生活場面に参与しています。心理職が生活場面に参与するのは、『心理職にも生活場面を分かってほしい』というニーズがあるということだけでなく、生活場面に関するアセスメントやCWへの根拠のあるコンサルテーションを行ううえで重要な役割を果たしているからです。また心理療法担当職員、治療指導担当職員共に、常勤の職員は施設や学校・地域の行事などにも参加をしているようです。このように生活場面への参加は心理職の業務の一つになっているといえます。

　それでは次に生活場面の中で、どのような関わりを持っているのか、平成29（2017）年度アンケートの結果を見てみましょう。

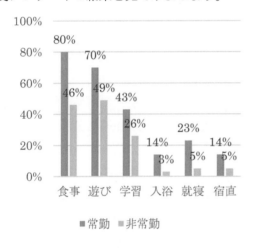

図 3-2　心理療法担当職員　勤務形態ごと　　　　図 3-3　治療指導担当職員　勤務形態ごと

　この結果をみると生活場面における援助の内容については、『食事』『遊び』『学習』が主であり、治療指導担当職員はそれに加えて『入浴』『就寝』『宿直』なども行うなど、全般的に心理療法担当よりも生活場面で活動する割合が高いといえます。これは先に述べたように、治療指導担当職員は生活場面に参与することが業務の一つとして位置づけられているからであると思われます。

(2) 生活場面に参与することのメリット

　生活場面に心理職が参与することのメリットとはなんでしょうか。平成22（2010）年度のアンケートの回答を分類すると、『CWとの連携におけるメリット』『子どもの理解の深まり』『CWとの関係の深化』『心理療法におけるメリット』『直接的介入』といった項目に

分けられました。

　生活場面に参与することによって、子どもの生活の実態を知ることができること、他者（CWや他児）との関係の取り方を目の前で見ることができることなどによって、子どもの全体像を理解することができます。また、CWがその子どもに対して困っていることなども実際に見ることができます。こういった『子どもの理解の深まり』が、その後のCWとの連携において非常に役に立っているようです。「CWと同じ場面を見ているため、共有しやすい」、「タイムリーにアドバイスや相談がしやすい」、「子どもの状況にあったコンサルテーションを行えるため、取り入れやすいと言われた」などの意見が見られ、より実態に合った連携・コンサルテーションが行えることが示唆されました。また、「CWと話す機会が増え、仲間意識を持ってもらえる」、「CWに顔を覚えてもらったり、信頼関係を結んだりする上で良い機会」、「CWの大変さが理解できた」などの意見もあり、『CWとの関係の深化』も、CWとの連携を深める要因になっているようです。

　『心理療法におけるメリット』では、生活場面に参与していることで、生活場面での出来事やトラブルを心理療法の中で扱うことができるようになったという意見が多く見られました。また、心理療法に対して抵抗がある子どもに対して、生活場面で関わりながら関係性を築くことで、その後心理療法を導入できたという意見もいくつか見られました。

　他にも生活場面で子どもの特徴を踏まえた学習支援ができる、トラブルやパニックなどがあったときにその場で介入できる、集団に対して働きかけができるなど、子どもに対しての『直接的介入』をメリットとして挙げている人もいました。

(3)生活場面に参与することのデメリット

　メリットがある一方でやはり生活場面への参与については多くの戸惑いと困難があるのも事実です。ここでは生活場面に参与することで起こるデメリットについて考えていきましょう。平成22（2010）年度のアンケートの回答を分類すると、『枠の曖昧さ』『CWとの関係の悪化』『刺激』に大きく分けられました。

　中でも最も意見が多かったのが、『枠の曖昧さ』についてのデメリットでした。心理療法の場は非日常的場面であるがゆえに、クライエントの内的な世界を表現しやすいという特徴があります。しかし、心理職が治療場面のみならず、生活場面にも参与することは、この「非日常」という枠組みが曖昧になってしまいます。枠組みが曖昧になることで、生活場面での関わりが治療関係に持ちこまれるということが起きてきます。このことはうまく使えば、生活の出来事を治療場面で扱えるといったメリットにもつながりますが、一方で治療を停滞させる可能性も孕んでいます。「面接の内容が深まりにくい」、「生活場面での関わりやしがらみがセラピーの妨げになる」などの意見が見られました。

　反対に、心理療法の中で話したことやした遊びを子どもたちが生活場面の中で展開してしまうこともあるようです。心理職としては、『今、ここ』の心理療法の中で大事に扱いたいと思っていることを、生活場面で他児もいる中で話されてしまうと、大事に扱えなくな

ってしまうということも起きてきます。またそのことで、子ども同士が心理職をめぐって嫉妬し合うことや、プレイ内容の模倣や流行という現象も施設の中ではよく起こることです。

　このように生活場面と治療場面の枠組みが曖昧になることで、さまざまなことが起こり、結果として治療関係の効果が発揮できない、ということが多くの心理職を悩ませています。

　前項で、『CWとの関係の深化』というメリットを取り上げましたが、デメリットとしてもCWとの関係に関することが浮かび上がってきました。「子どもとCWの対立に巻き込まれそうになる」、「CWへの不満を子どもから聞くことでCWとの緊張が高まった」などの意見が見られました。生活場面に参与するということは、CWの専門領域に入るということです。そのことへの配慮や、生活場面での動き方に考慮がなければ、心理職は生活場面に入ってくる異物と捉えられてしまうことでしょう。その結果、CWとの関係が悪化することも十分に考えられることです。このCWとの関係におけるメリットとデメリットが、両方見られたことは非常に興味深いことです。生活場面への参与は何らかの形でCWとの関係性を変化させることにつながるということが言えるでしょう。その上でいかにデメリットではなくメリットを強くするかということを考える必要があると言えるのではないでしょうか。

　また避けられない問題として『刺激』の問題があります。普段生活場面にいない心理職が生活場面に参与すると、それだけで子どもたちにとっては刺激となります。子どもたちは珍しい存在に興奮したり、緊張したりすることになります。このことは自然な反応ではありますが、そのことによる影響がどの程度であるか、など留意しておく必要はあるでしょう。

　少数意見として、「単に人手として使われてしまう」、「心理職としての仕事が不明確」などの意見がありました。生活の中に溶け込もうとすればするほど、CWと同じことをしている、役に立っていないように感じ、心理職のアイデンティティの揺らぎが生じるのでしょう。このことは、施設の中で心理職が心理職として根づく過程の中で、多くの心理職が経験してきた戸惑いと困惑であることを指摘しておきたいと思います。

(4)生活場面と治療場面の区切りの付け方についての工夫
　さて、ここまで生活場面に参与する上でのメリット・デメリットについて、述べてきました。多くの心理職が生活場面に参与している今、その是非について問うよりも、いかにデメリットを減らし、メリットを増やすのか、ということを議論する方がはるかに有益と思われます。平成22 (2010) 年度のアンケートでは、生活場面と治療場面との区切りの付け方の工夫について、多くの意見をいただくことができました。そのいくつかを紹介したいと思います。

①物理的な枠を作る

　まず一つ目の工夫は物理的な枠を作ることです。多く見られたのは、『できるだけ個別の心理療法を担当している子どものいる生活場面には入らない』ということでした。確かにこの方法は最も混乱の少ないやり方であると思われます。しかしながら、心理職の人数によっては、このやり方ができない施設もあると思われます。そのような場合の小さな工夫がいくつか挙げられていました。「子どもの呼び方を心理療法と生活場面で変える」、「服装を変える」、「エプロンを着用して、生活場面に入る日だと分かりやすくする」などの意見が見られました。小さな工夫ではあるけれども、心理療法の時間とは違うのだ、ということを明示しようとする努力が垣間見えます。

②心理療法の枠組みをしっかりと維持する

　これはデメリットの中に挙げられていた『枠の曖昧さ』から来る、心理療法への影響を低減させる為の工夫です。例えば、「面接の目的を明確化する」、「時間の枠組みをきちんと守る」、「セラピールームにはセラピー以外で入室させない」などの心理面接の基本に立ち返ることで、心理療法の枠組みをしっかりとしたものにするという意見がありました。

　また、生活場面では「セラピーの話をしないという約束をする」、「子どもが話をしてきた場合には『それは今度のセラピーで話そう』と伝える」などの工夫が見られました。生活場面に入る際には、心理療法の担当児とその他の子どもとの間に差をつけないように意識をしているという意見も見られました。

③深く介入しない

　生活の中での深い関わりをしないようにしているという意見も多く見られました。「基本的に観察を主とする」、「CWが主として関わり、自分は積極的には関わらない」、「指導的な関わりをしない」といった意見がありました。どの程度子どもたちと関わるのかという問題は、単に心理職個人の問題だけでなく、参与の仕方やCWや施設の意向も影響する問題です。生活場面の主体である子どもとCWを脅かさない、という意味で、必要以上の介入を避けるという意識も必要なのかもしれません。

④CWと事前に役割分担を確認する

　①〜③の工夫を活かすためには、このCWとの連携が何よりも重要です。心理職が生活場面に入ることでどのような影響があるのかを伝える必要もあるでしょう。その上で、どんな目的で生活場面に参与するのか、どのような形で入るのか、子どもとの関わりをどの程度持つのか、といったことをCWに理解してもらう必要があります。アンケートの中では「CWとの信頼関係や理解がない場合には生活に入るべきではない」という意見もありました。この基盤がしっかりできていると、生活場面への参与のメリットを高

めることができるでしょうし、心理職、CW、そして子どもの戸惑いを低減することができるものと思われます。

(5)最後に

　生活場面に参与することに関しては、現在でも賛否両論があります。心理職個人の考え方や施設の考え方によって、その参与の仕方についてはさまざまな形が考えられます。もちろん参与しないことも一つの形であると思います。しかしながら、児童養護施設という生活の場での臨床である以上、なんらかの形で子どもたちの生活に目を向けることは必要不可欠であると言えるでしょう。それは生活場面に参与するか否かと言うことだけでなく、生活場面から得られる情報を大切に扱うこと、生活場面を見ているCWの意見に耳を傾けることなども含まれると思います。大切なことは、子どもたちが日常的に丁寧にケアをされ、豊かに育まれる、そんな環境を作り上げることです。そのために、CWに何ができるのか、心理職である我々に何ができるのか、そしてCWと心理職が協働して何ができるのかを考えることが重要ではないでしょうか。CW、子ども、心理職、その他の専門職、それぞれの資源をいかに有効に活用するか、そのことが生活場面に参与する上での最も重要な視点であると考えられます。

Column ❻　暴れる子どもへの緊急対応について

　施設にはとても困難な課題を持った子どもが入所してきますが、その中でも特に対応が困難で周囲への影響が大きいものに、感情爆発を伴う暴力行為が挙げられます。

　例えば、自分が個別心理療法を担当している子どもが感情爆発を起こして暴れ出し、他児や職員に向かって暴力を振るう・掴みかかるなどという事態が今まさに発生している状況に直面した時、心理職はどのように振舞えば良いのでしょうか？個別心理療法のプロセスに影響を及ぼすことを懸念して、その場面に介入することをためらうことは施設での経験が浅い心理職には良くあることだと思います。

　しかし、暴れている子ども自身もそれに対応しているCWも余裕を失っている状況のなか、心理職が何も手を出さずに傍観しているとしたら、それが共に働く仲間達にどのような印象を与えるのか想像してみれば分かるでしょう。もし心理職以外に介入できるだけの人手があるならば、心理職が介入せずに済むこともちろんあります。ただ慢性的な人手不足の中ではいつもそうとは限らないでしょう。大切なのは、そのような場面に臨んで何ができるだろうか…と自分の問題として考えることです。

　まず、熱くなっている子どもとCWには第三者による介入が必要です。双方が熱くなっている時には、クールダウンが必要なのは言うまでもありません。対応しているCWが離れられるよう、子どもの方を引き受けてクールダウンできるように促すかかわりをしていくというのもひとつです（暴れている子どもが体格も大きく力も強い場合、女性では対応が困難な場合があることは留意すべき点です）。この時、安全に対応する方法としてセラピューティックホールドのような方法を知っておく方がいいでしょう。

　施設に入所している子どもには、ストレスマネージメントや怒りのマネージメントなどに向けた心理教育的なかかわりが必要な子も多いので、子どもがコントロールを失っているその場面を心理職が直接見ておくことで、アプローチがしやすくなります。子どもに対してそれらの必要性を伝えやすくなることもありますし、具体的にどの場面でどのスキルを用いるのかということを子どもと一緒に考えやすくもなります。また、担当CWに心理教育の内容を引き継いでおくことで、面接の心理教育で学んだスキルが日常場面で実際に使えるように支援しやすくもなります。これらのメリットを念頭に置いてどう動くのか考えましょう。

3-4　その他の取組み

3-4-1　子どもの入退所時の関わり

　家庭から児童相談所に一時保護され、児童養護施設に措置するのが適当と判断された子どもたちが実際に施設に入所してくることになります。そして施設での生活を経ながら、家庭環境が整い家庭復帰をする子どももいれば、施設から自立していく子どももいます。この章では、新入所児童に対してどのような関わりがなされているか、その際どのような視点を持って関わるか、退所時にはどのように関わっているのか、について紹介したいと思います。平成22（2010）年度のアンケートによれば、61.1%の心理職が新入所児童に何らかの関わりを持っているようです。

(1)入所時の心理職の関わり

　①児童票の読み込み

　　一時保護中の子どもたちには児童相談所のさまざまな職員が関わり児童票が作成されます。児童福祉司等によって調査された内容（保護に至る経緯や、子どもや保護者等の状況等）、児童心理司による心理学的所見（知能検査や性格検査等の所見や、面接で話された内容等）、医師による医学的所見（医師による診察で話された内容や診断名等）、一時保護中の子どもたちの支援をする児童指導員・保育士などによる所見等が記載されており、児童相談所ではそれらをもとに子どもの援助方針を決定しています。

　　児童票は入所前に郵送されてくることがほとんどのため、まずはそれを読み込むことから始めましょう。特に心理学的所見は、専門用語も多くなりやすいためCWが読み込むには難しい場合もあるようです。まずは心理学的所見から読みとれることを噛み砕いて、CWと共有することが大切です。また、児童票を読む中で情報が足りないと感じた場合は、情報を得ようとする積極的な姿勢も必要です。東京都での児童相談所・児童養護施設心理職合同の研修会にて、児童心理司の方々は「ケースについて気になることはどんなことでも聞いて下さい」「遠慮せず電話して下さい」「連携しましょう」と口をそろえておっしゃっています。心理診断で気になった点や、児童相談所での心理面接の様子等の情報を児童心理司と直接やりとりして、その内容をCWと共有できるとよいでしょう。

　②入所前の面接（インテーク面接）への同行

　　入所先の施設が決定すると、今度は児童相談所と入所先の施設との直接の連携が始まります。それに伴って行われるのが、インテーク面接です。児童相談所にて、子どもと直接会って会話をしたり、児童福祉司と話したりします。児童福祉司からは、入園に至る経緯や家族のこと、子ども自身の特徴等の説明を受け情報を共有します。インテーク面接には、入所後担当となるCWやFSWが行うことが多いようですが、心理職が同行する場合もあるようです。児童票の情報が足らないと感じた点や理解が難しい点等あれ

ば、その場で依頼をすれば再度福祉司が情報を得るために動いてくれることもあるようです。心理職が同行できない場合でも、インテーク面接に行く職員に確認して欲しい点を伝えておくという工夫もできるかもしれません。社会的養護の子どもたちは成育歴の記載や親の情報が希薄になることが多いため、最初の段階で福祉司と連携しできるだけ沢山の情報を得るようにします。子どもの生きてきた様子が分かると、子どもの行動理解が深まったり、支援に活かしやすい部分が多くなったりすると思われます。

③入所後の面接

　子どもが入所したあと、心理職単独で、もしくはCWやFSWらと同席で、子どもと面接を実施している施設もあります。入所した子ども全員を対象に行っている施設もあれば、個別心理療法を実施する予定の子どもを対象に行っている施設等、やり方は施設によってさまざまです。時期も入所後1、2週間で行っているところもあれば、生活が安定してきた1か月後を目安に実施している施設もあるようです。こうした入所後の面接は、これまでの子どもの人生を子どもの目線に立って捉えることが目的です。施設に来るまでの暮らしはどのようなものだったのか、そのような暮らしについて子どもはどんな気持ちを抱いているのかについて、子どもから教えてもらいます。たとえば衣食住について（間取り図などを用いる）、家族について、家族との関わりについて（誉められたか、話を聞いてくれたか）、話をしていきます。虐待を受けてきた子どもの場合はそのことについても扱っていく場合もあります。面接の中で子どもを支援するにあたってヒントとなることが得られることもあるので（例えば家族と動物園に行ったいい思い出のある子だとすれば、CWとの個別行動に動物園を入れる、等々）、面接の内容をCWにフィードバックし、情報を共有していくことも大切です。一方で成育歴等の話を聞くことは侵襲的にもなりやすいため、子どものペースに合わせて行えるよう配慮する必要があるでしょう。

④生活場面面接や個別心理療法

　新入所の子どもに心理職がどのように関わるかというのは施設によってさまざまです。子どもが入所して来た際に自己紹介をして顔を合わせたり、生活場面面接にて初めて顔を合わせたりするということが、実際には一番多いのではないでしょうか。まずは、生活場面での関わりの中で話をしたり、様子を観察したりする中で気づいたことをCWと共有することが確実にできる第一歩です。その後個別心理療法につながった際も、これまで丁寧に子どもの理解を進めてきたことは役に立ちます。

　また、個別心理療法を始める際に③のような面接をする場合もあるようです。基本的には個別心理療法が始まる中で、プレイセラピーの内容や語られる内容から子どもの理解を深めて行くことが大切です。

(2)新入所児童との関わりの中で意識したいポイント

　新入所児童と前述のような関わりをしていく中でどのような情報が得られるとより細やかなアセスメントにつながるか、この節ではその視点となり得るものについて増沢（2011）を参考にしながら紹介したいと思います。

①入所理由や入所時の状況等

　入所に至った経緯や直接の原因になった出来事、その時の状況等の客観的な事実関係、子どもに対して入所理由が誰からどのように伝えられているか、子ども自身が入所理由をどのように理解しているか、等々、それらを統合しながら、家庭内に虐待が起こってしまったメカニズム等も考察できると良いと思われます。

②子どもの状態像

　身体的な疾患・障害の有無、精神疾患、トラウマの有無、愛着の状態、身体的な発達（身長、体重、体質、皮膚や歯の状態、等々）、アレルギー、運動発達、基本的な生活習慣（生活リズム、睡眠、食事、排泄、入浴、洗面、等々）、物やお金の管理、知的能力、学習能力、言語発達、通学通園状況、学校での適応状況（授業中、休み時間、給食、登下校時、部活、等々）、保護者との関係、子ども同士の関係、職員との関係、コミュニケーション能力、年齢相応の社会的スキル、集団適応、逸脱行動、性的問題、自己評価や周囲への評価、感情コントロールの程度、感情や言語の表現、不安や恐怖の訴え、悩み・葛藤の有無、認知・思考のありよう、趣味・特技、等々のさまざまな情報を集め、子どもを多角的な視点で捉えて、全体像を見立てて行けると良いでしょう。

③成育歴

　子ども自身の心身の発達状態や、家族との関わり（子どもと家族の関わり、転居、夫婦関係、婚姻関係、等）、学校での様子や放課後の様子、登校状況、友人関係、地域との繋がり、転居や婚姻関係の変化等、転機となる出来事があれば、理由・きっかけやその前後の状況等も分かると理解が深まります。入所理由と重なる面もありますが、それ以外の側面からもその子の生きてきた歴史を把握していきましょう。また、その子の健康な育ちを支えた側面（一年だけ暴力を振るわない祖父母の下で育てられていた、小学校で良い先生に巡り会えていた、等々）にも、目を向けておくことも大切です。

④家族

　家族構成、家の間取り、保護者の成育歴、保護者の身体疾患や精神疾患の有無、養育能力の程度、就労状況、経済状況等、把握することで、保護者への理解も深まり保護者対応の幅も広がります。また、親を理解することで子どもの理解につながることも多いです。家族構成については複雑なことが多いためジェノグラムを描くことで、理解しや

すくなるでしょう。

⑤社会的資源とのつながり

　家族をサポートしてくれる社会的資源、そのサポート内容等を把握しておきましょう。今後家庭復帰を考えて行く際に、どの社会的資源にどのようなサポートを依頼・連携していくかということがとても重要となっていきます。また心理職にはまだあまりなじみがありませんが、エコマップ*注) を利用することで家族と社会的資源のつながりが視覚的に理解しやすくなるでしょう。

　以上のように挙げましたが、これらを入所時に全て網羅しなければならないということではありません。そして心理職が全ての情報を収集する必要もありません。児童票の情報、児童相談所でのインテーク面接での情報、入所後の面接での情報、入所してからのCWとの関わりで得られた情報、ＦＳＷとの関わりで得られた情報、心理職による個別心理療法や生活場面面接で得られた情報等、子どもを取り巻く職員がそれぞれの関わりの中で前述したような情報を、入所時だけでなく入所後も時間をかけて集めていくことで、子どもたちの理解が深まっていくのではないでしょうか。そして得られた情報を職員同士で共有し話し合うことで、さらに多角的なアセスメントが可能となるでしょう。また、これらの情報を少しずつ集めておくと、子どもにとって自身の成育歴を整理する時期が来た際に、一つ一つのエピソードをもとにその子の人生を紡ぐ作業も可能になるでしょう。

(3)退所時の心理職の関わり

　退所時に関しては特別に何かをするというよりは、個別心理療法をしている子どもを中心に終結の作業を行うことがほとんどのようです。これまでの面接の振り返りや、退所後に困ったことがあった時の対処法などを一緒に考え、整理することが中心になるようです。（第3章3‐1参照）。

3‐4‐2　アフターケア

　これまでは児童養護施設に入所できる年齢は 18 歳未満とされていたため(措置延長の制度はあります)、原則的にはどの子も 18 歳で自立退所することになっていました。児童福祉法改正により 18 歳という年齢制限は撤廃される予定ではありますが、18 歳といえば、高校を卒業してこれから進学や就職をするという時期であり、本来ならばまだ親のすねかじりをしていてもおかしくない年齢です。施設から自立し退所する子どもたちは、安定した家庭基盤や十分な経済支援が持てないまま、たった一人きりで社会の荒波に立ち向かうことになるのです。18 歳という年齢で「自立」しなければならないことは、子どもにとって大きな不安に押しつぶされるような過酷な状況であると想像できます。

　「子どもの人生」というくくりで考えると、施設で暮らす数年間・十数年間よりも、施

設を退所したあとの年月のほうがはるかに長く、退所した後、子どもが自分の力で人生を歩いていけるように支援していくことが大切です。子どもが自分自身の意見を持ち、物事を前向きに考えることができ、困難に対処できる力を持てるようになること、そしてなにより、他者と関わりを持ち、他者を信じる力を持てるように支援していきます。そのためには、施設で関わった大人といかに信頼関係を築けたかということが重要になると思われます。ＣＷ、施設長、ＦＳＷ、心理職等、たった一人でも良いから、この人は信頼をおける人だと感じられる人物がいたということは、子どもの中で大きな財産になります。

　子どもが巣立ったあと、施設は「何かあったときに帰れる場所」であり、関わった大人は「困ったときに相談しに行ける人」でありたいと思います。幼い頃から親と離れて暮らしていた子どもたちにとって、これから親とどんな関係を持てるのか、どんな距離感で親と接すればいいのかといったことは、成人したあともずっと悩み続けるテーマかもしれません。そして、その子どもが家庭を持ち、赤ん坊を産んで親になるとき、相談したいことが山ほど出てくることでしょう。

　通常、子どもが施設を退所するにあたり、担当したＣＷ・自立支援担当職員、里親委託の場合は里親支援専門相談員などが、リービングケアやアフターケアの計画を立てて実施していきます。退所したあとの様子を聞いたり、困ったことがあったら相談にのったりします。心理職が直接アフターケアに関わることは少なく、ＣＷを通して間接的に子どもと関わる場合が多いでしょう。たとえば、退所後に子どもの精神面の状態が悪くなった場合、医療機関等の情報を提供することもあります。子どもによっては心理職が直接、電話や面接でつながりを持つ場合もあります。しかしその多くの場合、心理面接としての機能は退所時に終結しています。アフターケアとしての子どもとの関係は、「業務」や「セラピスト－クライアント」としてではなく、年月をかけて築いた人間同士の関係という色合いが濃いのではないでしょうか。

　「子どもの人生」の中で、施設で出会った心理職の存在がどんな意味合いをもつのか、子どもの記憶の中に心理職との関わりがどんなふうに刻まれていくのか、それがわかるのは退所した後、何年も先のことかもしれません。ただ、この広い世の中で縁あって出会った子ども一人ひとりが豊かな人生を送るために、心理職の働きが少しでも役に立っていることを願ってやみません。

＊注）生態地図。支援を要する家族を中心として、その家族の問題や解決に関わると考えられる関係者や関係機関を図式化したもの。援助者とクライエント双方が現状の問題やニーズを把握するのに活用される。

【文献】

Garry L. Landreth (2002). Play therapy: The art of the relationship (山中康裕(監訳)(2007). プレイセラ
　　　ピー：関係性の営み　日本評論社 127-133.)

児童部会専門職制度委員会(2012). 児童養護施設における心理職の在り方に関するアンケート調査報告書
　　　（平成 22 年度について）

児童部会専門職委員会心理職グループ(2020). H29（2017）年度　施設心理職の実態調査〜各職種からみた
　　　心理職のあり方と効果について報告書

河合隼雄(1970). カウンセリングの実際問題. 誠信書房 152-153.

増沢高(2011). 社会的養護児童のアセスメント：子どもの視点で考え、適切な支援を見出すために　明石書店

滝川一廣(2004). 新しい思春期像と精神療法. 金剛出版 233-235.

＜番外編：心理職にできること ―性教育―＞

　これまでさまざまな心理職の業務を紹介してきました。その業務以外にも、各施設でCWと協力をしながら、さまざまな取組みを行っています。その一つに性教育への取組みが挙げられます。性教育への取組みは、心理職の業務として直接的に位置付けられてはいませんが、心理職が性教育のグループを実践している、性教育委員会のメンバーとして活動しているなどの話も聞きます。心理職にできることを広げていくためにも、性教育への取組みの実践例をご紹介したいと思います。

(1)性教育の必要性
　①施設内での性的問題行動を防ぐ
　　施設が抱える問題の一つとして、施設内での性加害・被害の問題があります。この問題は決してあってはならないことです。しかしながら、「決してない」ことではない、というのが児童養護施設の現在の姿です。
　　ではなぜ、子どもを守るべき児童養護施設の中で、性的問題行動が起きるのでしょうか。その背景としては、以下の３つの視点が考えられます。

　・子どものもつ課題
　　施設内の性的問題行動の背景として、子どもたちがそれまでの成育歴の中で身につけた不適切な考え方や対人関係の持ち方が影響を及ぼしている場合があります。例えば、性的虐待を受け、そのトラウマの再演として、施設内での性的問題行動を繰り返してしまうこともあります。虐待を受けた子どもが「支配―被支配」という対人関係の持ち方を身につけている場合もあります。他者を支配するために性的行為を強要したり、あるいは支配されないために性的行為に従ってしまったりするということも起きてきます。暴力の一つとしての性という見方もあります。また、アタッチメントに関連する課題があり、誰彼となく親密な関係を求めることもあります。いわば、アタッチメント対象選択の見誤りです。

　・施設処遇の課題
　　子どもが身につけた支配関係を払拭するためにも施設内の環境が相互尊重の人間関係であることが望まれます。しかしながら、異なる年齢・異なる背景を持った子どもたちが集団で生活する以上、他児とのトラブルは免れません。さらには職員数が少ないことからも、当然大人の目が届かない部分ができてしまいます。その中にあって、子どもたちは悪いことと思わずに他者に対する虐待、特に年下の者に対する虐待を繰り返しやすくなってしまいます。弱者として育った彼らは「いつか支配してやるぞ」という気持ちが高まり、弱者支配と連鎖が生じることがあります。

・施設の設備上の課題

　施設はさまざまな生活環境で育ってきた子ども達が集団で生活しており、プライベートな空間が少なく、境界が曖昧な生活を強いられています。これは施設内における性的問題の連鎖を増長しやすい形態でもあります。徐々に施設の設備も変化し、年長者には個室が確保されている施設が増えていますが、まだ、十分とは言えない現状があります。

　これらの背景から、施設の中では性的問題行動が起こりやすいところがあります。それを防ぐ手立てとして、現在では性教育の必要性が多くの施設で叫ばれているのです。

②自立に向けての援助としての性教育

　子どもが自立して生活するためには、さまざまな生活上のスキルを習得する必要があります。人との適切な関係のつくり方の理解、性に関連する側面から身体を理解すること、性に関する適切な知識の習得といった具体的な生活上のスキルを身につける必要があります。

　また、子どもの多くは自尊感情・自己肯定感が低いと言われています。親からの虐待は、自身の力では防ぐことができないため、子どもの無力感は高く、さらに「虐待を受けたのは自分が悪いからだ」という誤った自己認識を持っており、自責感も高いと思われます。支配によるコントロールが自己否定感や無力感を生み出すのです。このような子ども達に対して、入所中に他者との新たな関係性として相互尊重の関係性を学ぶこと、性に関する管理を教えること、自尊感情や自己肯定感を高めることが必要であり、そのことが社会の中で生きる力となり、自立につながるのです。性教育を行うことで、人との適切な関係の持ち方や自分の体を大切にすることを学び、そのことが子どもたちの自尊感情や「自分で自分を守ることができる」という自己肯定感を高めていくことができると考えられています。

(2)性教育の構成要素

　性を生と捉え、人間教育をしていくことを基本とします。特に、人間関係に関する教育を丁寧に行ない、安全感・安心感を得られるような環境を作った上で性に関する知識について教育することが望ましいとされています。いきなり性に関する言葉が飛び交うと子どもにとって刺激となり、性化行動を招くことにもなりかねません。

　次のページの表に、性教育の基本的な構成要素とその説明をまとめました。

表 3-5　性教育の構成要素とその説明

構成要素	説明
①相互尊重	相互尊重の関係性を伝えるために、人は多様であり、それぞれに価値があるといった多様性の理解を促す。"みんな違ってみんないい"という視点を持ち、多様な人を認め、受け容れるといった相互尊重に基づく人間関係について教育する。
②自尊感情・自己肯定感	a)アタッチメント、生い立ちの整理、命のつながり 　安定したアタッチメント関係の中で、子どもたちは「自分は価値ある存在である」と思うことができる。したがってアタッチメント関係を促進することも、重要である。また、生い立ちの整理を行ない、歪んだ自己理解を修正することも自尊感情・自己肯定感の向上に結びつく。 　いのちのつながりに関する教育、つまり、多くの人に大切にされ、支えられていることや植物や動物を育てることを通して、自身の存在を確認することで、自尊感情を高めることを目標とする。 b)自己との関係のスキル 　自分自身の身体について理解し、受容すること、身の回りを清潔に保つ方法の習得を目指す。身だしなみ、性器を清潔に保つこと、月経への対処方法などの習得、他者との境界線を理解することが自立に結びつき、自尊感情・自己肯定感を高める。
③感情表現	自他の感情理解、怒りのコントロール方法、表現方法としてコミュニケーション・スキルを習得する。
④他者との関係と性	適切な対人距離の理解、いいタッチ・わるいタッチの理解、自分を守る方法や自慰の TPO について学習する。
⑤いのちと性	妊娠、出産、避妊に関する知識と対応方法、性行為からいのちが生まれることを理解し、性的な行為の重みについて学習する。
⑥性に関連する課題についての知識と対応方法	HIV・性感染症（STD）、インターネットや SNS、メールの功罪と犯罪、犯罪としての売春・買春に関連する危険性を理解し、断る方法を学習する。また、性被害・性加害、性化行動についての理解を促す。

　これらの内容を踏まえながら、子どもの年齢や発達にあわせて、プログラムを考え、実践を行っていきます。

(3)性教育の実践方法

　性教育の実践は、心理職が一人でできるものではありません。グループワークにしろ、日常生活における支援にしろ、CWとの連携は必須です。性教育に特化した学習会形式の実践と並行して、相互尊重の関わり方を学ぶグループワークを行うことも有効でしょう。例えば，プロジェクトアドベンチャーというグループワークの手法（William J. Kreidler, Lisa Furlong, Libby Cowles, Ilasahai Prouty, 1995）は相互尊重を基盤に進行するもので、楽しい遊びを中心にすることから，子どもたちが参加しやすい内容です。

①学習会形式

　性教育について学習する時間は相互尊重、つまり自分も人も大切にすることを確認してからすすめます。グループ分けは年齢によるものが主ですが、知的発達や成育歴には配慮が必要となります。特に性的虐待を受けた体験のある子どもや性化行動がある子どもには特別の配慮が必要となるでしょうし、個別での実施も検討する必要があるでしょう。

幼児グループ

　自分やお友達の体を大切にすることを基本に実施します。①身の安全を守る方法：不審者が来た時に「いや」という言葉を声に出して言う方法、②健康の理解：体を清潔にするためにすること、なぜ、トイレに行くのかなど、③発達と多様性の理解：大人と子ども・男の子と女の子の違い・動物と人間の違い、④プライベートゾーン、⑤いのちの誕生など、手作り教材や絵本を用いて質問形式で実施します。健康の理解については, 楽しく遊ぶげんきの図鑑（中村, 2012）を参考にするといいでしょう。さらに、「成育歴整理」なども必要です。アタッチメントに焦点をあてた介入やチーム援助を継続することが子どものアタッチメントに関連する課題からの回復を助け、性的な虐待の連鎖を防ぎます。

小・中・高校生

　生い立ちの整理は、ライフストーリーブック（才村, 2009）など市販されているワークブック形式の本を用いると抵抗なくすすめることができます。わたしについて知っていること、わたしの健康、わたしの考えと気持ちなどのテーマで構成されています。
　境界線の教育は、境界線として、「自分の空間や人との間かく、自分のもちもの、自分の体、自分のベッド、自分の部屋、ひとりでつかう風呂場やトイレ」などを教えて、これらは他の人が触る前に、あなたの許可がいることを教えます。さらにプライベートなことや場所を教える必要もあります（Krishan Hansen, Timothy Kahn, 2012）。

　学習会にはできるだけCWも参加してもらうと良いと思われます。子どもたちが学習会で学んだことをCWと再度話し合うことができるからです。参加が難しい場合でも、事前に学習する内容についてインフォメーションしたり、事後に学習内容と子どもたちの様子を伝えたりすることで、CWに理解を求める必要があります。

②日常生活での性教育

　学習会形式の性教育だけでなく、性教育のチャンスは日常生活にもたくさん存在します。例えば入浴の際にプライベートゾーンを教えたり、絵本の読み聞かせの際に「いいタッチ・わるいタッチ」の本を読んだりする等が挙げられます。日常での性教育はCW

が担っていかなくてはなりません。心理職はそのCWを支える役割を担います。例えば職員研修で性教育の研修を行ったり、ロールプレイ等を行ったりすることで、CWの意識を高めることもできます。

(4)施設で性的事故が起こったら
　施設で性教育に努めていても、性的事故が起こってしまう場合があります。性的事故といっても、同性なのか・異性なのか・恋愛感情があるのか・支配的な関係があるのか、子どもと職員によるものなのかなど、多くのケースが考えられ、それぞれにより対応の仕方が異なってきます。ここではそういったケースに対応するにあたり、心理職として共通しているものを述べていきます。

①他職種との連携
　性的事故の場合、心理職一人で対応するということはなく、CWや管理職、対象児童の児童相談所と連携して対応にあたることが通常です。施設と児童相談所で役割分担を行い、生活場所の分離や聞き取り面接を実施し、安全の確保や内容の整合性、加害者が過去に被害にあっていないかなどを確認するといった対応がとられます。そうしたなかで、心理職としては対象となっている子だけでなく、周囲の子やサポートしている職員に対しての支援も視野に入れておく必要があります。影響を受けている子に対して、個別に話を聞くことや、担当する職員と対応を協議していくことも大事になります。また職員も事故が起こってしまったことや子どもの対応をしていくうえで罪悪感や無力感を抱きすぎている場合があるため、声掛けをしたり、リラクゼーション法を一緒に行ったりするなどサポートしていくことが求められます。

②心理職が中立であること
　性的事故が起きた場合、まず誰が加害者で被害者なのかということが浮き彫りになってきます。そうした状況では、被害側への思いが強く表れてしまいがちですが、そうなってしまえば経緯や要因を聞いていく中で先入観を持ちやすくなることがあります。被害者に対する共感的な姿勢は示しながらも、加害者に対してそうした言動になってしまった背景や経緯を冷静にアセスメントすることが必要です。

③その後について
　どうして起きたのかを分析・検討し、今後の改善策を考えていくことはとても重要です。これは心理職だけでなく、施設全体として取り組む必要があります。職員全体で連携し、施設内で危険性がある時間や場面、死角等がないかということ、子ども集団の力関係を全体で把握し直すこと、子ども支援や性教育を見直していくこと等、施設の課題を洗い出し、どのように対応していくかということを検討・対処していくことが求めら

れます。

④心理療法内で性的事故についての話がでた場合
　心理療法を行っていると、『自分がしたこと』、『されたこと』、『目撃したこと』など内容はさまざまですが、子どもから性的事故についての話が出てくる場合があります。その際の対応はとても重要です。加害だから厳しく指導すればよいという訳ではなく、そうすることでそれ以上語られなくなってしまったり、性的な問題とは別の課題を扱っている心理療法に来なくなってしまったりする可能性もあります。子どもから話が出た場合はまず話を聞き、『とても大事なことなので、私だけではなく、他の先生にも相談させてほしい』など心理療法場面だけでなくCWや管理職に相談する許可をなるべく取りましょう。

(5)まとめ
　性教育は自立を促す教育であるといえます。相互尊重の基に形成された受容的環境が子どもの自立を促進するとともに、虐待を受けた子どもの課題からの回復につながります。そのため、子どもへの直接的な働きかけのみならず、職員の相互尊重の関わりや性的な課題に関する認識が求められます。まずは施設全体として、①施設が性的問題の起こりやすい場であると認識すること、②不適切な環境で育ってきた子どもが性的虐待のサバイバーである可能性もあると認識すること、③子どもの安全・安心を確保し、性加害・被害が起こりにくい環境を作り出すこと、④安全感・安心感の確保を基盤に子どもとの信頼関係を構築することが予防につながること、といった意識を高めていくことが必要になります。相互尊重といった同じコンセプトのもとに心理職とCWが協働して、複数の介入や学習の場面を実施することで施設内の文化を作ることができると考えられます。

【文献】
Krishan Hansen, Timothy Kahn(2012). Footprints:steps to a Healthy life (本多隆司・伊庭千恵(監訳)(2015). 性問題行動のある知的障害者のための16ステップ　明石書店 91-103.)
中村祐 　(2012)　楽しく遊ぶ学ぶ　げんきの図鑑　小学館
才村眞理(2009). 生まれた家族から離れてくらす子どもたちのライフストーリーブック　福村出版
William J. Kreidler, Lisa Furlong, Libby Cowles, Ilasahai Prouty(1995). Adventure in peacemaking. (プロジェクトアドベンチャージャパン(訳)(2001). プロジェクトアドベンチャーの実践:対立がちからに―グループづくりに生かせる体験学習のすすめ― みくに出版)

第4章 心理職の業務II
～子どもを支える人々と関わる～

児童養護施設における心理臨床では、「子どもの人生の連続性」に意識を向けた活動が求められます。このような視点に立ったとき、ＣＷなどの施設内他職種，子どもを担当する他機関の方々や子どもの家族といったさまざまな人々と関わりを持つことが重要な意味を持ちます。第４章では、心理職が子どもを支える人々とどのように関わっていくのか、その関わりの実際や工夫している点、今後の課題について述べていきます。

4-1　他職種との協働
4-1-1　コンサルテーション
　コンサルテーションは他職種であるＣＷと協働して子どもを支援するための有用なツールです。心理職が生活施設において子どもの支援をするとき、子どもの養育者であるＣＷと協働する姿勢は欠かせないものです。ＣＷを支え、ときには心理職がＣＷに支えられながら、ともに協働して子どもが暮らしている環境を治療的なものにしていきます。このような活動は生活施設での心理臨床活動において重要な役割を果たします。

(1)コンサルテーションの定義
　山本（1986）によると、「コンサルテーションは、二人の専門家；一方をコンサルタントと呼び、他方をコンサルティと呼ぶ、の間の相互作用の一つの過程である。そして、コンサルタントがコンサルティに対して、コンサルティのかかえているクライエントの精神衛生に関係した特定の問題をコンサルティの業務の中でより効果的に解決できるよう援助する関係をいう」と定義しています。そして、虐待を受けた子どもの援助職への心理コンサルテーションについて研究している加藤（2006）は、「心理コンサルテーションは、心理的課題を抱えたクライエントを支援する責任のあるコンサルティが、クライエントへのよりよい支援を提供するために、心理学の専門家であるコンサルタントに自発的・主体的に相談するプロセスであり、コンサルティがコンサルタントの持つ専門的知識と技法を共有しながら、問題解決の方法を探っていく相互作用の過程である」と定義しています。
　このように定義されているコンサルテーションを、児童養護施設の現場でどのように実践できるかについて考えていきましょう。

(2)施設でのコンサルテーションの実際
　心理職がＣＷと話す機会としては、じっくり時間をとって話せる場合もあれば、立ち話程度の短い時間の場合だったりと、さまざまな方法がとられているのが現状です。後者の場合、厳密には「コンサルテーション」とはいえないかもしれませんが、短時間のやり取りの積み重ねから得た情報を本来のコンサルテーションに生かすことができます。また、短時間のやり取りの積み重ね自体が、長期的にみると本来のコンサルテーションの機能を果たす場合もあるでしょう。一方で、施設の現場では子どもの状態や子どもをとりまく状況がめまぐるしく変化していくため、リアルタイムで柔軟に情報収集する必要があります。

そういう意味では、長時間のコンサルテーションを少ない回数で行うだけでは十分でなく、短時間のやり取りを多く積み重ねられるよう柔軟に活動することが重要な意味をもちます。よってここでは、他職種との短時間のやり取り等も含めて広く「コンサルテーション」と呼ぶことにします。コンサルテーションに限らず、施設における心理臨床活動では、いかに柔軟に思考し実践できるかが問われます。形が整わなくても、内容に軸を持たせていけばよいのです。経験を重ねるうちに、自分に適したコンサルテーションスタイルがみつけられるでしょう。

  ＜コンサルテーションをする時間の例＞
  ・定期的に時間を決めて行う（各ユニットごと、1〜2か月に1回の頻度など）
  ・ユニットの会議に出席した際に話し合う
  ・ケースカンファレンスとして行う（精神科医を交えた形で行う場合もある）
  ・立ち話
  ・随時、必要に応じて連絡し話す時間を作る
  ・コメントを文書（メモ程度でも）にして伝える
  ・子どもの様子を記録する際に記載を工夫する
  ・その他さまざま

(3)他職種とうまく連携する工夫

 心理職がコンサルテーションを行う相手として一番多いのは、子どもを担当しているＣＷです。加えて、ケースワーク的な動きがある場合などは、ＦＳＷや主任クラスの職員とコンサルテーションを行うこともあります。

 平成22（2010）年度のアンケートでは、「他の職員とのやり取りがうまくいっていると思うか？」という設問に対して、「はい」と答えた人が39.8%、「いいえ」と答えた人が10.2%、「どちらでもない」と答えた人が50.9%でした（表4‐1）。自信をもって「はい」と答えた人は約4割であり、中でも常勤で働いている人の割合が多いのがわかります。他の職員とのやり取りがうまくいっていると思っている人にその理由を聞くと、「職員との情報交換を密にする」「話をする機会を多く持つ」「長く勤める」といった活動に効果があると感じていました。

表 4-1 「他の職員とのやり取りがうまくいっていると思うか」への回答

	心理療法担当職員			治療指導担当職員			常勤／非常勤別		全体
	常勤	非常勤	全	常勤	非常勤	全	常勤	非常勤	
1. はい	**47.8%**	29.3%	34.6%	**64.3%**	46.2%	55.6%	54.1%	32.4%	39.8%
2. いいえ	13.0%	12.1%	12.3%	7.1%	0.0%	3.7%	10.8%	9.9%	10.2%
3. どちらでもない	39.1%	**60.3%**	54.3%	28.6%	**53.8%**	40.7%	35.1%	59.2%	50.9%

　さらに、平成 29（2017）年度のアンケートでは、施設内のさまざまな職種が、心理職に対して期待していることが報告書にまとめられています。

　心理職がいることで「子どもの生活の安定」「職員の安定」につながっているとする意見も多く、個別面接、アセスメント、心理プログラム、会議参加など、多方面での動きを期待していることが明らかになっていて、各職種と業務が重なる分野について、心理職に対する期待が高くなっていることが特徴的でした（例えば自立支援コーディネーターで『自立支援計画書』に関与することについての期待がやや高めなど）。心理職がチームの一員として他の職種と連携することの期待の高さが見て取れます。連携・協働できていると感じられる意見の中には「会議や日常的なコミュニケーションの中で情報を共有し、それぞれの役割理解や違った視点など専門性の理解がなされている」というものや、「困った時に適宜相談できる体制が整っている」施設では高評価の傾向がありました。その一方で、連携が難しいと感じている意見の中には「需要の不一致」「役割の見えにくさ」「心理職の姿勢や勤務形態による連携不足」というものもあり、心理職から役割を明確に提示することや周りの職員と積極的にコミュニケーションをとる姿勢が求められていることもわかりました。

　平成 29（2017）年度のアンケートからも心理職にはさまざまな面でのアプローチが求められていることが示唆されています。それらの期待に応えるためには"痒い所に手が届く"ような動きが求められているともいえ、心理職は他職種に対してオープンな姿勢を心がけ、話す機会をたくさんつくり、子どもに関する多くの情報を共有することが重要だということがわかります。また、長期的に子どものケースに関わることでみえてくるものもあります。当然のことですが、勤務年数が長くなることでCWとの情報共有がスムーズになり、連携がうまくいくようになります。

　ただこのように多方面で動くことは、施設に勤めて間もない心理職には非常に難儀なことです。子どものアセスメントやコンサルテーションなど心理職としての動きももちろん、適宜心理職に相談する体制が整っているか、（休憩室などインフォーマルな場でも）心理職と関われる機会が多いか、CWの話を聞く際に心理職が共感的な姿勢であるかなど、施設内で「よく話はできているか」が求められているのです。現に『報告、相談等がやりやすい』『よい関係を築けている』ことがCWの「連携できている」という意識につながるとい

う現場からの意見もあり、常日頃からインフォーマルな場であっても、相談しやすい体制を整えておくことが重要です。また、できないことはできないと言うことが「役割の明確化」につながることも書き加えておきます。

(4)コンサルテーションの内容

　コンサルテーションでは、どのようなことが話されているのでしょうか。一番多い内容としては、日常生活で子どもに何らかの問題が起きた時、CWが子どもの支援方法で悩んでいる時に、CWとともにその対処方法を考えていくことです。まずはCWから細かな情報を聴き、問題となっていることの原因は何なのかについて心理学的な視点からアセスメントしていきます。子どもの言葉や行動の背景にはどんな意味があるのか解釈して伝えたり、その時の子どもの状態に関連した心理教育を行ったりする場合もあります。子どもの家庭背景や生い立ちを詳しく聴いて理解を深めたり、家族との交流や関係の持ち方についての心理職としての意見をCWやFSWに伝えたりすることもあります。必要な場合は関係機関との連携も行います。

　CWにとっては、小さなことでいいからすぐに実行に移せる「具体的な支援方法」を見い出したいという思いがあります。心理職のほうから具体的な支援方法を提案する場合もありますし、CWと一緒に案を出し合って考える場合もあります。コンサルテーションを行うにあたって重要なのは、心理職の考えを一方的に伝えるのではなく、CWの持っている考えや知識をうまく引き出していくことです。またCWは、自分が既に行っている効果的な支援に気がついていない場合があります。そのような「既にできていること」を見つけて評価し、強化していくことによって、CWがエンパワメントされて生き生きと業務ができるようになり、子どもへのより良い支援につながっていきます。

　個別心理療法をしている子を対象に話す場合は、個別心理療法の内容やそれに関しての解釈を伝えます（この場合、プライバシーへの配慮が必要になります。『4-2-2　守秘義務について』を参照してください）。加えて、その子の日常生活における様子や家族の情報をCWから聴き、個別心理療法での情報と併せて子どもの状態像について考えていきます。心理職が生活場面に参与している場合、そこから得られた情報やアセスメントもCWに伝えていきます。

　ある施設でCWにコンサルテーションについての感想を聞いてみると、「子どものアセスメントや理解の幅が広がる」「自分のケアを振り返り、整理することができる」「客観的で自分とは違った専門分野の意見が参考になる」といった意見が多くありました。コンサルテーションがCW支援として役立っていることがわかります。

(5)コンサルテーションを円滑にすすめるために

　心理職がコンサルテーションを行う際、CWの業務の大変さを理解し共感する姿勢を持つことが基本です。常に、CWに対してエンパワメントできるよう心がけたいものです。

子どもたちの生活を支えるＣＷの業務内容は多岐に渡ります。時には、緊急的な対応を必要とする子どもを何人も同時に抱えていかねばならないこともあり、とても大変な業務を担っています。現在施設には、家庭内で虐待を受けてきた子どもが数多く入所しており、多くの子どもたちが対人関係の難しさを抱えています。子どもたちと深く関わることで、二次的なトラウマを受傷する場合もあります。あらゆることに対して不信感でいっぱいの子どもたちに安定した支援を提供し続けていくＣＷの業務は、精神的にも体力的にも非常に根気のいることです。また、福祉施設の現場は、労働条件も厳しいものがあります（休みがとれない、残業が多い、宿直が多いなど）。そのような中、精神的に不安定になったり、体調を崩したりするＣＷも出てきて、メンタルサポートが必要になる場合もありますが、基本的には同僚であるＣＷと深いカウンセリング関係にはならないほうがよいと考えられます。（4－1－3　職員のメンタルヘルス参照）

　心理職の視点からみて、ＣＷが子どもに対して不適切なかかわり（マルトリートメント）をしていると感じる出来事があっても、頭ごなしに否定的な意見を伝えるのは得策とはいえません。そのような対応になるには、ＣＷなりに理由があるはずです。その理由を見つける目的で、子どもとＣＷの普段からの関係性について詳しく話を聴き、ＣＷが不適切な対応をするに至った経緯（子どもとのやり取りの詳細）などを丁寧に聴いてＣＷの言動を心理職なりに理解していくことが大切です。冷静な状態で具体的な話を重ねていくと、ＣＷ自身が自分の対応は不適切だったことに自発的に思い至る場合もあります。他者から否定されるよりも、自分自身で間違いに気づいたほうが効果的であることは言うまでもありませんし、心理職とＣＷの信頼関係も深まります。昨今、施設内で職員による不適切な関わりを予防するという意味でも、子どもの権利擁護という観点で職員同士がお互いの支援内容や自身の状態を振り返って話し合うことが求められてきているので、そのことも意識しながらコンサルテーションできるとより良いかもしれません。

　施設内での職員から子どもへの不適切な関わりは、「まさかあの人がやるなんて」というショッキングな気持ちや「ベテランの職員がしていることなのだから、間違っていないだろう」などという思い込みで、発見しても報告をためらったり軽く考えてしまったりして、そのままにされてしまうことが意外にも多いものです。そのため、「何かおかしいな」と少しでも引っかかったら、まずは上司や同僚などに相談し、一人で抱え込まないようにすることが大事です。

　普段からのＣＷとの関係づくりも大切です。些細なことでも愚痴が言い合える関係（「愚痴を言ってもらえる」ではなく、「言い合える」がミソ）になることも良いでしょう。心理職はＣＷから「話を聞く」だけでなく、心理職がＣＷに相談する場合があってもよいのだという点は見逃されがちですが、子どもと関わることの難しさや失敗してしまったこと、どんなふうにしたらいいだろうかとＣＷに聴いてもらって、感想や参考になるコメントをもらうことも良いでしょう。一方で、ＣＷ同士の関係には入り込みすぎずに中立的な立場を保つような配慮も必要になります。

4-1-2　コーディネート

　コーディネートはコンサルテーションとは異なって心理の専門的用語としては定義しづらい言葉ですが、字義的には「各部を調整し、全体をまとめること」と言えます。施設で働く上では、他職種の連携が必要となる場合があり、心理職がそのつなぎ役を担うこともあります。具体的には、施設の中でのケースカンファレンス、児童相談所や医療機関などの外部機関との連携の際に心理職が連絡調整や取りまとめを行う場合です。施設内での子どものケアについて、誰がどのような役割を担うのか、それぞれの専門職の役割分担を明確にしていくようなコーディネートを担う場合もあります。心理職が経験を重ねることによって、その役割を担う場面も増えていきます。アンケートによると、会議の司会進行や連絡調整、医師とCWのつなぎ役などの役割を担っていることが多いようです。心理職がコーディネートを行うケースとしては、精神科・心療内科・思春期外来などの医療的ケアが必要なケース、性的な問題が大きいケース、親の状態が深刻なケース、発達支援が必要なケースなどが挙げられます。

　例として、施設で暮らすAくんを医療機関につなげるまでの経過を取り上げてみます。Aくんは日常生活においてイライラすることが多く、他の子に暴力を振るってしまいトラブルが絶えません。CWとの関係も悪く、ちょっと注意されただけで感情を爆発させて大暴れしてCWにも暴力を振るい、家具や壁などを破壊します。学校の担任教師からも暴力的なAくんの状態について心配であるとCWが相談を受けました。心理職はAくんとの個別心理療法において、入眠困難や頭痛などの症状があって辛いという本人の話を聞いていました。心理職は数か月の間、CWに細やかなコンサルテーションを行ってAくんへの対応の仕方を工夫してもらいましたが、一向に状態は改善しませんでした。心理職は生活や学校における様子、心理療法のときの様子などから得られるさまざまな情報を集約し、医療機関につなげるかどうかのカンファレンスを開くことを提案しました。カンファレンスには、施設長、主任、担当CW、FSW、施設内の精神科医に参加してもらえるよう連絡調整しました。カンファレンスでは心理職が司会進行や意見調整を行い、最終的にAくんを医療機関につなげることが必要だと判断されました。心理職は、自分が知っている地域のクリニックや総合病院などの専門機関の紹介をしました。自立後のサポートを考えて地域のクリニックにしたほうがよいのか、それとも入院のできる総合病院にしたほうがよいのか、保健センターのサポートは必要なのか等、子どものニーズに合うようにさまざまな意見を出しました。こうしてAくんはある医療機関に受診することとなりました。医療につながった後もコーディネートの仕事はあります。情報共有や援助方針の確認のために、施設職員（主任・CW・FSW）、担任教師、心理職、主治医などが参加する関係者会議の設定をしました。日時や出席するメンバーの調整を行い、子どもの状態や変化に応じて、定期的に会議を開催できるように提案していきました。

　このAくんの例のように、心理職が中心となってコーディネートする場合も出てきます。

専門機関の紹介がしやすかったり、心理的視点からの意見を言えたりすることは心理職がコーディネートの役割を担うメリットです。専門的な資源を提供し、子どものケアに活用できるように、日ごろから知識の向上や関係機関の情報収集をしておくことが重要です。

4-1-3 職員のメンタルヘルス

(1)職員のメンタルヘルスの必要性

児童養護施設で働く職員は日々さまざまなストレスに晒されながら子どもたちを支援しています。徐々に改善されてきてはいるものの、慢性的な人手不足による変則勤務や超過勤務、施設内の組織体制の脆弱さとそれを起因とする職員間の問題、虐待を受けた子どもの増加による支援の複雑化等、いくつものストレッサーとなりうる条件が施設内には揃っているのが現状です。このようなストレスフルな職場において、CWの早期の離職が大きな問題のひとつとして挙げられます。CWの定着は施設における専門性の蓄積と継承という点で重要な要素のひとつであり、それは直接的に子どものアタッチメント形成や成長発達に影響を及ぼしうると考えられます。このような施設の現状を踏まえると、心理職は子どもに対するケアを前提としながらも、一方で子どもを支援するCWや職員集団を支援する視点を持つ必要もあります。ストレスフルな職場で日々粉骨砕身して子どもに関わっているCWのメンタルヘルスに対して、心理職としてどのような取組みが考えられるのでしょうか。

平成29（2017）年度のアンケート結果によると、職員のメンタルヘルスに対して何らかの取組みを行っている心理職は全体で38％でした。3割程度の心理職がそれぞれの施設においてメンタルヘルスの重要性を認識し取組みを行っていることが推察されます。また現場から寄せられた声には、心理職が職員のメンタルヘルスに携わることによって、職員の安定につながるという意見が多く見られました。職員が精神面で安定することは、子どもたちの安定にもつながると言え、子ども支援の根幹にかかわることです。

(2)予防的な取組み

メンタルヘルスに対する予防的な観点からの取組みとしては、アンケートの実施が挙げられます。施設内でメンタルヘルスに関するアンケートを実施し、その結果を報告することで、施設内におけるメンタルヘルスに対する意識を高めることができるでしょう。さらに、そのアンケートへの回答と結果を通じて、個々のCWが自身の心理状態を振り返る機会にもなります。年間を通じてこのようなアンケートを定期的に実施することで、CWは自分自身をモニタリングすることとなり、心身の状態の変化を確認することができます。加えて労働安全衛生法が改正され、平成27（2015）年12月より労働者数が50人以上の事業場(施設)ではストレスチェックを年に一回実施することが義務化されており、実施している施設もあります。なお、ストレスチェックは外部委託が可能ですので、施設内ですべてを実施するのが難しい場合はそのようにすることを検討するのもよいでしょう。

注意すべき点としては、アンケートを実施する際の職員全体への説明です。どのような目的でアンケートを行い、その結果はどのように扱われるのかの説明が不十分であると職員に不安感を与えることにもなりかねません。アンケート結果は誰が閲覧できるのか、どう保管されるかには細心の注意を払いたいものです。大切なことはアンケート結果を踏まえて、施設全体で運営改善や支援体制や支援方針の見直しを行っていき、職場内のストレッサーをできる限り取り除き、軽減するための具体的で建設的な話し合いが為されることです。

　また、心理職がいつでも簡単に行える予防的な取組みとしては、CWに声をかけるということがあります。退勤時間をCWが意識できるような一言、挨拶などの何気ない一言、「遅くまでお疲れ様」「（担当されている）〇〇ちゃんは最近いい表情ですね」といった労いの一言、これらの言葉は時に職員にエネルギーを与え、心にわずかばかりのゆとりを与えます。CWとのほんの数秒のやりとりの中でも、気遣いと思いやりを持って、声をかけられるような心理職でありたいものです。そして何よりそのような気遣いや思いやりを示すことができる余裕を持つためにも、心理職が自分自身の心身の健康に意識を向けていくことが大切になってくるといえます。（第6章を参照）

(3)構造化された日常的な取組み

　心理職としてCWと話をするという行為は子どもの生活の様子を把握することに加えて、CWとともに子どもへの支援方法を確認し吟味し合う意味合いを含んでいます。そこにはコンサルテーション的な部分や一種のカウンセリング的な部分も含まれる場合があるかもしれません。CWのメンタルヘルスへの日常的な取組みとしては、CWと話をすることを構造化して行うことが挙げられます。例えば、「新任のCWとの面接」「グループホームの巡回訪問」「個別に話を聞く」「コンサルテーションの時間を設ける」などの活動を週ごとや月ごとに勤務時間に組み込んでいきます。CWはある程度決まった曜日と時間帯に必ず心理職と話をする時間が保障されるため、定期的に子どもの支援方針を相談できるだけでなく、職員集団やユニットの運営に関する相談もしやすくなります。困った時の相談相手として、思いを共感してもらう相手として、心理職がCWの安心感を提供する機能を果たせるとよいでしょう。

(4)施設内外の資源を利用する取組み

　メンタルヘルスの取組みをしている中で、CW自身が抱える心理的な問題に触れる場合や直接的に子どもの支援とは関係のない内容の相談を受ける場合があります。このような時に心理職として意識しておきたいことは、施設の心理職という立場で同僚であるCWと治療関係になることや特定の相談関係になることはできないということです。CWとともに子どもを支援する立場にいる心理職が、子どもの支援を目的としたCWへの助言や相談という枠を超えた場合、結果として子どものための支援が追求しにくくなると考えられま

す。

　たとえば、気分が落ち込んでしまっているCWの話を聞いているうちに、それが一種の心理面接のような構造となり、CWと治療関係になってしまったとします。そのような関係になると、心理職はCWの心理的な状況を優先的に考え、どこか気を遣いながらそのCWと接するようになります。そうなると、子どもの利益を中心に据えた話し合いができにくくなり、結果的に子どものために必要な支援が十分に提供できなくなってしまいます。

　また別の例として、あるCWのAさんから同僚Bさんに対する怒りや不平不満を訴えられることを想像してみましょう。Aさんの話を心理職として共感的に聴きながら、一方でそのBさんと何食わぬ顔で一緒に働いている心理職の姿をAさんが見た場合、Aさんに不信や疑いといった複雑な感情が湧き起こってくることも考えられます。心理職はCWとこの例のような特定の相談関係になった際に、動き方を誤ると職員集団の信頼関係に影響を与えてしまいかねないことを意識しておく必要があります。いかに中立性を保ちながらCWの声に耳を傾けていけるかが問われます。

　心理職は施設の中では一施設職員であることを自覚し、あくまで同僚として可能な範囲でメンタルヘルスに取り組む姿勢は忘れてはならないでしょう。心理職だけで職員のメンタルヘルスに取り組むのは、あまりにも難しく不可能に近いといえます。本来、職場のメンタルヘルスの取り組みというのは組織マネジメントの一環として行うべきものです。したがって必要な時にリーダー層の職員や施設全体を巻き込みながら、さまざまな職種との協働で取り組んでいく必要があります。場合によっては、心理的に問題を抱えているCWを施設内の医師につなげたり、外部の医療機関を紹介したりするなど、施設内外の人的資源や機関との連携も視野に入れておく必要もあります。

　冒頭でも述べたように元々施設にはいくつものストレッサーとなりうる条件が揃っているため、新任中堅ベテランの如何に関わらず、誰しもがメンタルヘルスの問題を抱える可能性があることを施設全体の共通理解としたいところです。メンタルヘルスの問題を職員個人の心理的な問題に帰着させるばかりでなく、職員集団や施設の体制や組織のあり方にも問題意識を向け、広い視野に立って、個人やそれを取り巻く環境それぞれに何かしらの取り組みを行っていけるとよいでしょう。平成29（2017）年度のアンケートによると、勤続年数が長い心理職ほど、職員のメンタルヘルスの課題に取り組んでいるようです。メンタルヘルスの課題は、職員との関係を形成してからでないと難しい面があります。ですから勤めて間もない心理職は、焦らずに、まずは自分の施設内での立ち位置をしっかりさせてから取り組むのもよいかと思われます。

4-1-4　児童養護施設における危機介入

　児童の日常生活を担う児童養護施設では、日々さまざまなことが起こります。その中でも、施設全体として危機的な状況に陥ることがあります。例えば子ども同士での暴力行為

やいじめについて児童福祉施設心理職研究会（2005）によると、「施設内での子ども間の暴力・威圧的言動は多くの場合『年上の者や力の強い者が、年下の者や力の弱い者を力で支配する』という構造になっている。それはあまりにも日常化していて、ともすれば気にならなくなってしまっていることもある」とあり、多様な年齢や背景の子どもたちが共同生活する児童養護施設においては十分に起こりうる問題と言えます。心理職が関与するような危機的な状況には以下のようなものがあげられます。
　①　児童間の暴力やいじめ
　②　児童間の性的事故（第3章番外編参照）
　③　職員のマルトリートメント

　「児童養護施設における危機介入」とは、上述したような出来事に対する対応が中心となってくると思われます。心理職は必ずしもこうした危機介入を求められるわけではありませんが、何らかの対応を求められる可能性は十分にあります。では、こうした危機に対応することになった場合、心理職はどのようにして、施設というコミュニティに対して危機介入を行うのでしょうか。
　萩原（2017）は、コミュニティに対する危機介入においては、「コミュニティのアセスメント」、「連携及びコラボレーション」といった概念が重要になると述べています。この考えを施設というコミュニティに置き換えると、何らかの危機が起こった場合には、それに至った経緯や児童間の力関係など、加害者や被害者の周辺の情報を収集し、関係者間の力動を見立てるなど、ホームレベルや施設レベルでの「コミュニティのアセスメント」が重要になると考えられます。また、そうした情報収集や見立てを行った後、児童相談所との連携は必須です。性的な問題が発生した場合は、被害確認面接を行ってもらうなど、施設内では対応できない介入を児童相談所に求める場合もあり、「連携及びコラボレーション」を行う必要があります。
　また、こうした危機状況には、本章にて、先述してきたコンサルテーション、コーディネートなどの技術と視点を用いて総合的に対応できることが望ましいですが、このような状況には施設全体として立ち向かっていく必要がある為、すべて心理職が背負うのではなく、周りの職員たちとよく相談しながら、役割分担を決めるなど、チームで対応を考えていくことが大切です。心理職が担う役割としては、加害者・被害者の状況によって関係機関と連携・相談の下、医療に対してコーディネートを行ったり、ホーム職員・管理職に対してコンサルテーションを行ったりすることが求められます。また、危機的状況では、現場の職員が疲弊することが予測されるため、現場の職員に対しても、情報整理をしたり、見立てを伝えたり、傷ついた現場職員のメンタルケアを行ったりしながら、ホームでの子どもたちの生活を守っていくことも重要となってきます。

4‑1‑5　職員研修

　約半数の心理職が施設内の職員研修に携わり、何らかの取組みをしています。心理職自身が研修を行う場合や、外部講師の依頼などの役割を担う場合もあります。具体的な取組みは以下のようになっています。

(1)研修の内容

　職員研修の内容としては、まず心的外傷後ストレス障害や発達障害、アタッチメント障害といった子どもが抱えるさまざまな問題に関する研修があります。日々の支援においてより専門的な対応が必要とされているためです。また、施設内で生じる問題として近年大きく問題となっている性的問題に関する研修も多く行われています。具体的には、児童間の性的虐待への対応や性暴力予防、性教育に関するものなどがあります。また、支援にあたっている職員自身のメンタルヘルスやストレスマネジメントといった内容を取り上げる場合もあります。

(2)研修の形式

　施設内で行われる研修の形式としては、外部または内部講師による講義形式の研修以外にさまざまなものがあります。具体的には、ケースカンファレンスやグループスーパーヴィジョン、自主勉強会、会議の中でのミニ研修といったものが施設内における職員研修として位置づけられています。

(3)心理職の役割

　心理職は研修担当として外部講師の依頼や研修の司会進行などコーディネートする役割を担うことがあります。また、専門機能強化型施設においては精神科医による研修やケースカンファレンスを行うことがあり、そのような場合にも心理職がコーディネーターとなることが多いようです。また心理職自身が研修の講師役となり、虐待や児童の抱える障害などの専門的なテーマについて研修を行うこともあります。さらに、性教育のプログラムを作成し、職員に研修を行うといった先進的な取組みも報告されています。

(4)研修の効果

　上記のような研修を施設内で行うことにより、さまざまな効果が期待されます。まず、子どもの抱えるさまざまな問題に関する専門的な知識を得ることで、子どもの状態像の理解が進み、その特性に応じた支援を行うことが可能となるでしょう。また、研修の場は日々の養護実践を顧みる場となります。特にケースカンファレンスやグループスーパーヴィジョンといった具体的なケース検討は支援の幅を広げることに役立ちます。このように外部に出ていかずとも、施設内で研修の機会を設けていくことで、施設内の治療的、専門的ケアの充実が図られると考えられます。その中で専門的な立場あるいはコーディネーターとして心理職の果たす役割は大きいといえます。

　本文でも多く触れられているように、生活に携わるということには難しさや戸惑いも付きまといますが、携わっているからゆえに役に立てるエピソードもたくさん聞こえてきます。ここではその一つを紹介しましょう（内容には多少手を加えてあります）。

○ドアが開く音が怖かったAくん
　Aくんは中学生で入所してきましたが、入所後しばらくしてだいぶ生活が落ち着き、CWとの関係も自然に深まっていきました。そんなあるとき、CWに寝る前にふと「ドアが開く音を聞くと、時々目が覚めるんだ」と話すことがありました。何気ない話でしたが、CWは少し気になって丁寧に話しを聞くことにしました。すると、ドアを開く音を聞くと昔の嫌なことを思い出すとのことでした。CWは少し心配や戸惑いを感じたこともあって、話を聞いたあとに、「今度Tさん（心理職）が来るから、Tさんにも聞いてみるといいよ」とAくんに伝えました。後日心理職が生活に参加した時にCWが間に入って、Aくんと心理職と3人で話をし、心理職は一緒に話の整理を手伝いました。話の中で、彼からはまだドアが開く（音がする）と思うと心配で眠れないことや、ドアが開く音以外にガタガタと風や振動でドアが揺れる音でも目が覚めてしまうこと（日中でもびくっとする）、多い時には5回も目が覚めること、そのせいで疲れが取れない感じがして朝も辛いこと、だからとりあえずは夜眠れるようになりたいと思っていることがわかりました。ただし、その背景にある原因については今はまだつきつめて考えたくないということでした。
　そのため、一つは入眠の時間やリズムなどの睡眠の質を上げる工夫を教えましたが、もう一方の音が怖いということに対して、生活で工夫できることはないかと3人で作戦を立てることにしました。CWは「耳栓をしてみたら」というアイディアを、心理職は「ドアのガタつきをなくしたり、滑りを良くしよう」というアイディアを出し、本児はどちらも試してみたいと話し、その日のうちに一緒に取り組むことにしました。もちろん、CWと心理職は「試してみてこれでもなかなか改善しなかったら、また別の方法を一緒に考えるから教えてね」ということを伝えました。翌朝になると、彼は嬉しそうにCWに「昨日は目を覚まさないで眠れたよ」と報告してくれました。後日には、毎日ではないけれどもよく眠れる日が増えて良かったよと心理職にも話してくれました。
　この例は、長く生活を共にしているCWと子どもとの間で時折見られるような、日常の何気ない会話から始まっています。少し気になったCWが、心理職にも気軽に話すことで、お互いの専門性を生かしてアイディアを出しあい、根本解決とまではいかないかもしれませんが、生活に支障がない程度まで症状を緩和するに至っています。これは、心理職が生活に携わり、Aくんに対しての支援を共有できる関係をCWと心理職のお互い同士が築いてきたからこそできた自然なやりとりともいえるでしょう。

Column ❽ 施設内連携～職員同士で意見が衝突したとき～

　施設に入所して半年ほどが経った中学生 A には、たびたび不自然な外出があり、そのことをユニットの CW 達は日頃から不審に思っていました。そんなある日の心理療法中、A は私に、実はたびたび家に戻って母親に会っているのだという話をしました。私はひとまずその場では話を聞くに留め、セラピー終了後に、本人には許可を取らないまま CW 達にそのことを共有しました。そして、施設入所に納得できていない A の気持ちと、ルールで抑えつけるだけでは A の行動を止められないだろうという見立てを伝え、A 自身が CW や福祉司に本当のことを話せるようになるまで、しばらく心理療法内だけでこの話を扱わせて欲しいと頼みました。差し迫った危険はないだろうという見立てもあり、その方針はとりあえずは受け入れられましたが、その後も A の外出が続くうちに、ユニットのベテラン CW から、事実をオープンにして扱いたいという要望が上がるようになりました。A 自身から直接話ができるように働きかけていることを改めて説明しても、では一体いつまで待てばいいのかと、なかなか納得が得られません。私はそんな状況に対して、だんだん当惑や不満を感じるようになっていました。

　ある日、そのベテラン CW と一対一で話をする機会がありました。なかなか話の着地点が見出せず、お互い感情的になる場面も出てくる中で、私が「最終的には施設職員として施設の決定に従うつもりではいるが、心理職としてはできるかぎり子どもの心に寄り添う立場でありたい」と葛藤を伝えると CW からは、「家への行き来の途中で何か事故があっても責任が取れない」「外出から帰ってきた A が一生懸命嘘をついているのを、嘘と分かっていて聞いていることが辛い」と気持ちが語られました。恥ずかしながら私は、その話を聞いて初めて、日々現場で A と向き合う CW の気持ちに気づいたのです。CW 達は、あと1週間だけ待って欲しいという私の頼みを受け入れてくれました。私はその週の心理の時間、CW 達の気持ちを A に橋渡しするつもりで、「あなたにこれ以上嘘をつかせたくない」と一生懸命説得し、無事了承を得て、その後 A と一緒に CW に事実を伝える場を設けることができました。

　異なる職種、多くの職員が子どもの支援に携わる児童養護施設では、支援についてもさまざまな意見が飛び交います。時には意見が衝突したり、異なる意見を持つ者同士が感情的になってしまったりということもあるかもしれません。ですが、「子どものために」と目標を共有している者同士ならば、意見の着地点が見出せないことはないはずです。"連携""協働"と言うと難しく聞こえるかもしれませんが、まずは相手の言葉の裏にある"子どもへの思い"を信頼して会話を重ねてみることが、その第一歩ではないかと思っています。

4-2　協働のために
4-2-1　記録の仕方
　子どもたちと関わったことは一つひとつ記録に残していることと思います。個別心理療法の記録や生活場面面接の記録はその子に関することが詰まった大切な記録です。それを振り返って見ることで理解が深まったり、関わりを見直したりすることはよくあることです。また、児童養護施設では心理職が面接の中で体験したことや理解したことを他職種と共有していくことが必要な状況がしばしば生じます。この節では、個別心理療法記録や生活場面面接記録の書き方や、記録の開示方法について、考えていきます。

(1)個別心理療法記録
　個別心理療法については、皆さんが大学（院）でケースを担当した際に学んで来たそれぞれの方法で記録を残すことが基本になります。その際留意したい点は、プレイセラピーの内容や、面接で語られた内容の客観的な記録と、それに伴って気づいたこと、考えたこと等の見立てや解釈をきちんと分けて書くということです。実際におきた事柄と心理職の見立てや解釈が混同していると、後で振り返った際に“どこまでが子どもが実際に話した内容なのだろう”と混乱してしまいます。同じ発言内容でも後から見返すと見立てや解釈が変わることや逆に当時の見立てに気づかされることもあるかもしれません。いずれにしても、客観的な記録と、主観的な記録を分けてつけることが大切です。

(2)生活場面での関わりの記録
　個別心理療法の記録については大学（院）で学ぶことができますが、生活場面での関わりの記録というのは児童養護施設に入職して初めて体験する方が多いのではないでしょうか。個別心理療法に比べて、環境もリビング、居室、屋外、学校等さまざまですし、関わる人も心理職だけでなく、CWや他の子どもたち等さまざまです。また、行事、トラブル等常に色々なことが起きており、何をどう記録していいか困ることも多いのではないでしょうか。
　生活場面での関わりでは、心理職が直接子どもと関わるときもあれば、生活空間に参与はしていても直接は子どもと関わらないときもあります。トラブル対応や会話などで直接関わったときの記録はもちろんのこと、自分が直接関わらなくても、同じ空間にいる子ども達がどのように振る舞っているのか、公平に目を配り、記録に残しておくことが大切です。個別心理療法で会っている子の普段の姿に触れて感じること、遊んでいる時の様子、食事の様子、勉強をしている時の様子、子ども同士の関係性、CWとの関係性、保護者との面会・外出前後の様子、常に生活に入っているわけではないからこそ気づける子どもの変化等々、沢山の機会に触れることができるため、気づくことは多いのではないでしょうか。

(3)記録の開示について

　個別心理療法や生活場面への参与での心理職の見立てや解釈を、他職種と共有していくことはとても大切で、職員会議やコンサルテーション、立ち話等、色々な方法を使いながら、必要に応じて共有していることと思います。いかに情報を共有し連携していくかというのは、施設心理職として働く皆さんが一番心を砕いていることと思います。一方で、特に個別心理療法の記録を文書としてどの程度開示するかということは誰しもが悩むことではないでしょうか。心理面接の記録はどのような扱いになっているかと言う点について、平成22（2010）年度のアンケートでは以下の結果になっています。

表 4-2　心理面接の記録はどのような扱いになっているか

	全体
1．開示	22.2%
2．非開示	19.4%
3．開示用の書類を別途作成	51.9%
4．その他	5.6%

　「開示用の書類を別途作成」が一番多く約半数の施設ではそのように対応しているようです。その際は、その子どもの理解や支援に必要な情報や見立て・解釈はどのようなものか、ということを考えて読み手を意識してコンパクトにまとめる必要があるでしょう。
　「開示」をする施設も20％程あるようですが、個別心理療法の記録を一言一句全て読むことは読み手の負担も大きいですし、ニュアンスの汲み取り方にずれが生じてしまうことや、心理職が伝えたいことが伝わらないこともあるかもしれません。また、プレイセラピーの全内容を見てもCWにはそれをどのように理解したらいいのか分からないということもあるでしょう。また、集団守秘義務が徹底されていない場合は個別心理療法への影響も心配です。アンケートの「その他」の中には、「基本的には全開示だが、理解が不十分になったり行き違いが起こらない様に口頭でも説明を行いその点を補う」という工夫をされている施設もあるようでした。全てを開示する必要がある場合は、そのような工夫も必要になってくるかもしれません。
　現在はオンライン上で全ての記録が閲覧できるシステムを採っている施設も多く、心理職も同様の記録開示を求められる場合も少なくありません。その際も子どもの理解と支援に必要な情報や見立てを共有するという視点を持ちつつ、施設側の要望とすり合わせながらその施設にあった開示方法を工夫していくことが大切ではないでしょうか。

4-2-2　守秘義務について

　心理臨床の中で守秘義務を守ることは、重要な義務の一つです。そのことはクライエントとの信頼関係を築くことに大きく影響します。信頼関係の基盤があることで、セラピス

ト・カウンセラーとクライエントである子どもとの間において受容や共感が進み、信頼関係が構築されていきます。その結果として治療空間が自由で守られたものとなり、クライエントは安心して自己開示ができるようになるのです。

公認心理師法では、第41条に秘密保持義務について規定されています。

> 第四十一条　公認心理師は、正当な理由がなく、その業務に関して知りえた人の秘密を漏らしてはならない。公認心理師でなくなった後においても、同様とする。

　しかしながら、施設では、一対一の関係の中でのこととしてクライエントとの守秘義務を頑なに守ろうとすると、心理職が孤立して組織の中で機能しなくなってしまいます。他職種から「自分たちのことを信頼していない」「情報を独占することで優位に立とうとしている」等の不信や誤解を生む可能性もあります。そのため、施設では「集団守秘義務」という考え方を用います。アンケートでも、集団守秘義務を基本にしているとの回答がほとんどでした。
　集団守秘義務という考え方は、スクールカウンセラーの実践の中から生まれてきた概念です。本来、心理臨床における守秘義務は一対一の面接構造の中で考えられた義務です。しかし、学校臨床では教師や養護教諭、その他のスタッフ、学校全体の中で援助を行います。そうした時に、心理職が守秘義務を重視しすぎて一人で情報を占有してしまうと、協働して援助を行うことが難しくなります。援助に関わる者が必要な情報を共有し、その中で守秘義務を守ることが必要であり、それが集団守秘義務という考え方になります。実際、公認心理師法第42条第1項に、「公認心理師は、その業務を行うに当たっては、その担当する者に対し、保健医療、福祉、教育等が密接な連携の下で総合的かつ適切に提供されるよう、これらを提供する者その他の関係者等との連携を保たなければならない」と定められています。
　施設も同様に、子どものケアをするためにCW、FSW、医師、看護師、心理職などのさまざまな職種がチームとして援助をしていきます。従来の一対一の関係での守秘義務ではなく、集団守秘義務の中で、情報を相互に共有し総合的な援助を提供することが重要です。デメリットとしては、他職種と情報を共有したことが子どもに伝わってしまって子どもとの信頼関係が崩れてしまう危険があることや、自分の責任の持てる範囲を超えて情報が共有されることへの不安もあると思います。それについては、集団守秘義務という考え方について確認しながら正確な情報共有を図ったり、他職種との協働の中で信頼関係を築いていったりする努力が必要になっていきます。
　アンケートによると、どういう情報を伝えていくのかということは、やりとりする相手に合わせてその都度吟味されているようです。ただし、どこまでを心理職が吟味して「伝える・伝えない」の判断をできるのかということの基準が明確になっているとは言い難く、今後の課題と言えます。

子どもに対しては、「面接でのことは基本的には秘密だけど、CWに知っておいてもらった方がいいと思うことは伝えるよ」などと守秘義務について伝えます。また、子どもがCWに言わないでほしいと言ったことでも、自傷他害の恐れのあることや親の情報で必要な情報は話すことがあることをあらかじめ伝えておきます。特に、ケースワークの流れを大きく左右しかねないことが面接で明らかになったときには、子どもに対して「伝えるよ」と毅然とした態度をとる必要も出てきます。

4-3　関係機関との連携

(1)心理職が関係機関と行う連携

　子どもの支援において、施設外のさまざまな機関と連携しながら子どもを支援する場合もあります。近年増加している虐待を受けた子どもや発達障害の疑いのある子どもの支援においては、特に関係機関と連携することで、より多くの支援者が関わることになり、それぞれの立場において子どものニーズに適した支援を提供できる可能性が高まります。より手厚く専門性の高い支援が期待できることからも、今後はより一層関係機関との協働のもと、子どもを支援していくことが望まれるでしょう。

　平成29（2017）年度のアンケートでは、関係機関と直接やりとりをしたことのある心理職は69%にのぼり、かなり多くの心理職が関係機関とのやりとりを経験しています。子どもの支援やケースワークを展開させるための外部との連携においては、心理職だからこそ関係機関に伝えられることや心理職が直接伝えたほうが良いこともあります。心理職が関係機関との連携において重要な役割を果たせる場合も少なくありません。

　平成22（2010）年度のアンケートでは、直接やりとりする頻度の多い関係機関は、児童相談所が多く、次いで学校、医療機関が挙げられています。その他、子ども家庭支援センター、発達センター、適応指導教室、他の児童養護施設、警察とのやりとりをする場合もあります。他機関の心理職同士とのやりとりが最も頻繁で、その他、主に福祉職、教師、医師とのやりとりがなされています。以下に、主な連携先である児童相談所、学校、医療機関との連携の仕方や留意点を見ていきましょう。

(2)児童相談所との連携

　児童相談所は子どもに一番始めに関わる機関であり、子どもとその家族を含めた成育歴を把握し、子どものケースアセスメントや心理アセスメントを行う機関です。子どもは児童相談所から児童養護施設に措置されるため、施設における子どもの支援を行う際には児童相談所との密接な連携は必要不可欠です。

　児童相談所との連携は主に、子どもが新しく施設に入所してくる時と入所中の子どもの支援を充実させたり見直したりする時の2つの機会に分けられます。子どもが新しく入所する際の連携としては、児童相談所から心理療法の依頼がある場合や児童票の詳細な情報を収集する場合があります。施設内における子どもの心理療法を含めた支援方針を立てる

ためには必要なやりとりです。また、入所中の子どもの支援を充実させたり見直したりする際の連携としては、児童心理司との情報交換、児童相談所における心理判定の結果の共有、進路に関わる家庭関係調整、CWと児童相談所の施設における協議の調整等、多岐に渡ります。

(3)学校との連携
　学校という場は子どもが1日の大半を過ごす場であり、子どもの成長や発達を促進し保障する場であるといえます。子どもは学校で友人や教師との関わりを通して、対人関係の持ち方や社会的スキルを学び、教科学習によって知識や思考力を向上させ、さらに集団生活の中で道徳心や思いやりを学び、将来を展望していきます。いわば、学校は子どもが最初に経験する社会であるといえます。施設生活における充実と同様に学校生活が充実したものとなるように施設は学校との連携を図っていく必要があります。
　学校との連携は主に、子どもの施設生活及び学校生活の様子を把握するための定期的な連絡協議会や学校における子どもの問題行動のための協議などがあります。心理職はCWとは異なる立場で、子どもの状況や対応方法などを伝えていきます。また、学習支援についての話し合いや特別支援学級への転級のための話し合いの機会が持たれることもあります。ここでは、心理職は児童相談所に確認をとりながら、必要に応じて知能検査や認知検査等の心理アセスメントの結果をわかりやすく丁寧に伝え、子どもの最善の利益を念頭に置き、学校との協力のもと子どもの支援の方向性を決定していきます。また、稀にCWをはじめとした施設職員と学校とで意見や対応のすり合わせが不調になる場合もあるでしょう。そのような時には関係者会議を開き、心理職が施設と学校の双方の意見や意向を調整することもあります。

(4)医療機関との連携
　医療機関は子どもの診断や投薬が可能な唯一の機関です。虐待を受けた子どもや発達障害のある子どもの支援のために医療機関との連携は欠かすことはできません。
　医療機関と心理職の連携は主に、医療機関に関わる前段階の連携と医療機関に関わっている段階の連携に分けられます。医療機関に関わる前段階の連携としては、子どもの暴力や性的トラブルなどの問題行動が深刻であり、学校や施設での生活が困難である場合に、その対応策を医師と協議することが挙げられます。心理職は医療的支援の妥当性や入院の必要性などを心理職の立場における見立てを踏まえながら検討していきます。また、医療機関に関わっている段階における連携としては、例えば精神科に通院している子どものケースの場合、情報共有や支援方針を決めるためのケースカンファレンスを実施します。あるいは入院している子どものケースの場合は、入院時の様子を共有したり、施設においても汎用可能な支援を医療機関と再度整理したり、退院計画（面会、院内外出、院外外出、施設における外泊など）を検討します。それ以外にも、医療機関に関わっている保護者対

応を施設で行う際に、医師との連携を図る場合もあります。注意しなくてはならないのは、医療機関につなげる前に、その必要性を児童相談所と確認し共有しておくことが必要な場合が多いので、忘れないようにしましょう。

　また、公認心理師法第 42 条第 2 項には『公認心理師は、その業務を行うに当たって心理に関する支援を要する者に当該支援に係る主治の医師があるときは、その指示を受けなければならない』と定められています。従わなかった場合、行政処分の可能性もあるため注意が必要です。

(5)関係機関との連携を円滑なものにするために

　施設が関係機関との連携を行う際に、どのようなことに留意すれば、連携がうまくいき、子どもの支援に効果的に作用する連携となるのでしょうか。

　施設が関係機関に求めたいことがあるように、関係機関も同様に施設に求めたいことがあることをまずは忘れてはなりません。関係機関との連携がうまくいかない理由として、双方の立場の理解不足や役割の不明確さ、職種や職域による限界設定の曖昧さ（できることとできないことがはっきりしていない）が見られることがあります。連携がうまくいかない責任を関係機関に押し付け始めた時には、すでに対立構造に陥っているといえます。施設が関係機関との連携において信頼関係を築けていない場合には、「そもそも、何のための連携なのか」という根本に立ち戻ることが必要になってきます。

　心理職はそのような連携がうまくいかない状況下において、重要なキーパーソンとして機能できうる立場にあると考えられます。心理職の役割としては、「CWとの協働のもと、施設としての方針を明確に打ち出すこと」、「関係機関の役割や意向や限界についての理解を深め、それを施設内で共有できるように努めること」を目指していきます。次に、「施設の見立てや考えをわかりやすく関係機関に伝え、何のために何をしてほしいのかを明確に伝えること」が達成できるように調整していきます。施設と関係機関の双方が子どもの目指すべき状態像を共有し、そのためにそれぞれの立場でできる対応策を打ち出し、役割分担の中で協力して支援していくというイメージを持つとわかりやすいでしょう。ただし、このようなキーパーソンとして機能するには、ある程度の経験を積んでいないと難しい面もありますので、まずはCWとコミュニケーションを密にとり、意見をすり合わせておくことが必要です。

　子どもに対するよりよい支援のための関係機関との連携であるということをCWと共有し、そのための調整や働きかけを行うことが、子ども支援の専門家集団を支える心理職としての役割のひとつであるといえます。そして、何より関係機関の他職種の方々に敬意を払いながら、子どもの支援を行うことこそが、関係機関との円滑な連携を図るための前提になってくると考えられます。

Column ❾　関係機関との連携について

　　ケースによっては、子どもや家族が医療につながっていたり、児童相談所や福祉施設等と連携をしたりすることが必要な場合があります。ここでは、連携が支援の鍵となったケースの 1 つを紹介し、連携の大切さを伝えられたらと思います。

　　Ａ君には不登校や危険行為などの課題があり、母は抑うつ傾向・人格障害で常に不安定。Ａ君の医療・心理・学校、全てのことに母は介入し、施設が困惑することもしばしばでした。Ａ君の行動化は激しく、見境なく職員や他児に向けて攻撃し、ケガや物損が絶えません。医療機関に相談しても、服薬は母が拒否。また、その行動化について母に怒られると予想するＡ君は、自分を守るために、トラブルの原因や責任を職員に負わせる形で母に報告するのです。すると、母はここぞとばかりに施設に対する不満などを児童相談所に訴えます。

　　最初は「とにかく大変なお母さん」として振りまわされていましたが、徐々にＡ君や父母の行動パターンが見えてきました。そこで、まずは施設内連携を丁寧に行いました。心理職として、Ａ君に対する見立てだけでなく、母の病気や家族関係についての視点をＣＷやＦＳＷへ伝えました。そして、児童相談所や他機関と連携が始まりました。その内、色々な関係機関に相談を持ちかける母の「（ある意味）導き」により、児童相談所、Ａ君の病院、母親の病院、学校、福祉事務所、親子支援機関、時には弁護士と同じテーブルで話し合いを重ねることになりました。そこに時々父母も入りました。

　　施設としては、母の攻撃や怒りを直接受けるＣＷや心理療法担当職員は連携の場に出席させず、主任格、治療指導担当職員、ＦＳＷでローテーションをし、いつも２名で参加していました。治療指導担当職員である私の役は、母の意見や苦情を聞き、Ａ君の意見を母に伝えることでした。どんな苦情も施設だけで解決しないよう、責任を簡単に認めないよう父母と会話を進める…とても精神的にグッタリする時でした。連携の場で父母とともに事をおさめても、しばらくすると、また同じような問題が繰り返し起こりました。もちろん、連携も繰り返されます。

　　連携する各機関の親子に対する見立てはそれぞれ異なり、色々な視点から意見が出ます。新鮮で違う角度からの意見をそこで確認できるのです。一方で、その意見や言葉に互いにイライラの要素もあり、子どもの日々の状態を見ている施設の一職員としては「そんなこと言ったって…」と思わず心の中で呟くこともありました。連携をすればすぐ事が上手く運ぶわけでもなく、ジリジリと「これでいいのかな…」と思うこともあり、我慢も必要でした。

　　そんな私たちの苦労をよそに、母は連携を壊そうとするのかのように、私たちを「導く」時があります。関係機関のチーム力は乱れ、やりとりに一方通行は生じ、役割が曖昧になることも度々ありました。だからこそまた連携が必要で、それは生産的なものにならなくてはいけないのです。そして、「機関同士が互いに尊重すること」や「連携する相手を尊重する姿勢」が大切です。その思いがあることで、会議を重ねるたびに、互いに必要な存在であることを確認できました。たとえケースが劇的に変化することはなくとも、１つの機関が抱え過ぎず、役割を時に（良きにつけ悪しきにつけ）押し付け合いながらも、連携し関係を紡いで行くことが大切です。それが今後の更なる連携につながるのだと思います。

4-4　家族との関わり

　子どもへの支援を行うにあたっては、子ども個人だけでなく家族全体を支援していくことが必要です。家族にアプローチする方法はさまざまです。ここでは、実際にどのような形で心理職が家族と関わっているのか、その際に留意していること、そして家族との関わりにおける今後の課題について述べたいと思います。

(1)家族の情報を把握する

　平成29（2017）年度のアンケートによると、心理職が直接家族と顔を合わせて対応している例は少なく、全体の3割弱の心理職しかいません。しかし、家族と直接の関わりは持たなくても、家族の情報を多く得ることで子どもの理解を深めることができます。児童相談所からの家族情報に加えて、家族と直接会う機会のあるＣＷやＦＳＷからもさまざまな情報を得ます。得る情報としてまず必要なのは、子どもが施設に入所する前の家族の情報についてです。子どもが施設に入所するに至った経緯や、虐待が生じていた家族力動などについて理解していく必要があります。そこから、子どもや親に対する今後のアプローチの仕方がみえてきます。こうした心理職の理解をＣＷへのコンサルテーションに役立てていきます。

　二つ目に、現在の家族情報も常に把握しておく必要があります。家族との関わりが子どもに与えている影響は想像以上に大きい場合があります。たとえば、定期的に情緒が不安定になる子どもがいるとします。なぜそうなるのか、生活上の出来事からは原因がわからなかったけれども、どうも家族と面会や外泊をする前後の時期に情緒不安定になっていることがわかった。ＣＷが家族との面会に同席してみると、子どもは母親の前では過剰に緊張した様子でずっと固まっていた。この場合情緒不安定さの原因が家族交流にあることが考えられ、子どもと家族との関係の持ち方を修正していく必要があります。こうした子どもの状態は、個別心理療法の中や、施設での生活場面における情報だけでは理解しきれません。家族と直接会う機会はなくても、心理職も常に家族の情報を把握して子どもの支援をしていくことが大事です。

(2)家族との面接

　その数はまだ多くはありませんが、家族と心理面接をしている心理職もいます。家族との一対一の面接に限らず、子育て相談、親子並行面接、家族の合同面接といった形を取る場合もあります。中には面会や外泊等の親子交流後に親と面接する場合もあります。家族と直接面接を行うことは、施設側と家族側が率直に意見交換することにより信頼関係を育むよい機会になります。また、ＣＷやＦＳＷが家族と現実的な問題を調整する中で、家族の心理的な負担や葛藤などをケアする立場として心理職が関わる場合もありますし、ＣＷやＦＳＷが行う家族面接に、助言をするという形で間接的にサポートする場合もあります。いずれにせよ、面接の中では家族個人というより家族と子どもの関係性を扱うことが重要

になってきます。

　また、実際には心理職としてというよりも施設の一職員として、電話対応や来園時の対応といった形で家族と関わる機会が多いという現状があります。このような何気ないやり取りの中でも、家族の気持ちに添った丁寧な対応をすることが家族と信頼関係を築く土台となるでしょう。

(3)家族と関わる際に留意すること

　家族と関わる際に留意したいことは、信頼関係や協力関係を築いていく姿勢です。家族と話をする際には、離れている子どもの生活の様子や家族が気づかない変化などを具体的に伝えること、わかりやすい言葉で伝えることが重要です。また、家族の不安感や被害感などを丁寧に汲み取るなど、家族への理解、配慮をすることも忘れてはなりません。しかし、中には関わりの難しい家族もおり、無理な言い分を強引に通そうとしたり、自己中心的で攻撃的な態度をとったりする人たちもいます。そのような家族と対立関係に陥らずに信頼関係を築いていくのは非常に大変な作業になります。CWやFSWなど他職種の職員と連携してチームで対応すること、さらには児童相談所などの関係機関と目標を設定し、役割分担をして家族支援を行うことが重要です。

(4)家族向けプログラムの利用

　近年、さまざまな家族向けのプログラムが存在します。こうしたプログラムを利用して家族支援を行う場合もあります。具体的なプログラムとしては、「コモンセンス・ペアレンティング (CSP)」や「サインズ・オブ・セーフティ・アプローチ (SoSA)」等があげられます。

　CSP は保護者支援のためにアメリカのボーイズタウンで開発され、暴力や暴言を使わずに子どもを育てる技術をビデオで学び、より良い育児を行うスキルを身につけることを目指しています。SoSA はリスクだけでなく、家族の安全と強みに着目し、家族との協力関係を構築する実践方法であり、アセスメントとプランニング、虐待の事実、要因の整理、セーフティスケールやゴールなど、定式化された課題設定を保護者と援助者が話し合いながら進めていくプログラムです。

　また、児童相談所で実施されている家族合同グループ心理療法や親グループカウンセリングの紹介をすることも有効です。例えば、東京都の児童相談センターで行われている家族合同グループ心理療法「おたまじゃくし」は、親子グループに対する親子での遊び体験、親グループに対するペアレント・トレーニング (精研式)、子どもグループに対する仲間遊び体験といった内容で構成されています。さらに、親グループカウンセリングも実施されており、父親グループ「やっほー」と母親グループ「いいな」の2種類があります。児童相談センターのプログラムを利用したい場合は、まず、子どもの担当児童相談所の児童福祉司に連絡し、紹介してもらうことになります。

(5)今後の課題

　上述してきたように、心理職と家族の関わりにはさまざまなアプローチ方法があるものの、実際の支援にあたっては困難な点もあります。家族と継続的に関わることができなかったり、家族と面接する時間がなかったりといった勤務体制上の問題があります。また、児童相談所の児童福祉司の交代等により情報のやり取りが難しい、関係者間で足並みをそろえることが難しい、全体の流れを把握することが難しいといった関係者との協働における難しさもあります。さらに、家族との関わりが心理職の業務として明文化されていないことや、家族にアプローチできる人材が不足していること、子どもをケアしているという立場上家族側の気持ちに寄り添う姿勢を持つことが難しい、または家族側の気持ちに寄り添うことを重視するあまり子どもにケアを提供するにあたって支障が生じる可能性もあるといったさまざまな問題があります。現時点では施設において安定して家族と関われるだけの土台ができておらず、家族へのアプローチにおける心理職の役割の確立はまだこれからであると言えるでしょう。

　しかし、最後に強調すべきことは、家族に対して直接的にアプローチをすることだけが重要ではないということです。施設心理職はまず子どもの側に立ち、子どもの家族観や家族への思い等を内的に扱う必要があります。子どもとの心理面接や日常の関わりの中で拾ったものを関係者で共有し、実際の家族関係の課題に活かしていくことが心理職の基本的な役割です。そのため、直接家族と関わる機会は少なくとも、常に家族のことに関心をもっている必要があります。

【文献】

萩原豪人(2017). 特集：コミュニティ心理学の教育実践　危機介入. コミュニティ心理学研究, *20(2),* 154-163.

児童福祉施設心理職研究会(たんぽぽ)(2005). 『児童養護施設内で起こる児童間の性的虐待への対応』マニュアル

加藤尚子(2006). 心理コンサルテーションに関する基礎的研究―虐待を受けた子どもの援助者への適用を目的として―. 子どもの虐待とネグレクト, *8(3),* 376-387.

山本和郎(1986). コミュニティ心理学.　東京大学出版会 90.

　施設に入所している子どもの親には、さまざまなタイプの人がいます。母子家庭の子どもも多く、私たちは主に「お母さん」とお付き合いする機会が多いのではないでしょうか。お母さんの中には愛想がよく親和的なタイプの人もいれば、怒りっぽくて付き合いづらいタイプの人もいます。自分は面接や面会などの約束を守れないのに、施設に対してはやたらと注文が多く苦情も多い・・・など、非難したくなる材料ばかりみつかるお母さんもいるかもしれません。しかし、お母さんと子どもとの関係を少しでも良いものにしていくためには、お母さんへのサポートが欠かせないものです。

　とはいえ、いくらこちらがお付き合いしたいと思っても、お母さんが心を開いてくれなければ関係をつくっていけません。元々人づきあいが苦手なお母さんも多いため、いろんな話題を工夫して話さなければ会話ははずみません。ナイーブで傷つきやすいお母さんも多く、こちらのちょっとした言葉を被害的に受け止められてしまうこともあるので、慎重に言葉を選んで話す必要もあります。お母さんのペースに合わせながら、時間をかけて関係を作っていきたいものです。

　被虐待で入所したある子どものお母さんは面会をキャンセルすることが多く、CWは、このお母さんは子どもに対して関心が薄く、子どもへの拒否感もあると感じていました。多動で乱暴な行動がひどい子どもで、それらの行動も母親の子育てに起因しているとアセスメントできました。そして、施設に対する注文や苦情の多い母だったので、CWの母に対する印象は悪く、関係が作れない状態が続きました。ある日のお母さんとの雑談の中で、「施設でもお子さんの行動には手をやいています。家では、お母さんお一人でお子さんを育てられていたのでしょう？とても大変な思いをされながら、よくやってらっしゃいましたね。」とCWがねぎらいの言葉をかけると、お母さんはとても嬉しそうな表情を浮かべて「そうなんです。本当に大変でした。」とそれまでの子育ての苦労をたくさん教えてくれたそうです。CWはその後も、面会や外泊の前後にお母さんと色々な話をするようになりました。お母さんの立場に立って話を聴いていくと、夫と離婚した後、子どもを虐待するまでに追い込まれてしまった状況がみえてきました。お母さん自身も自分の親とうまくいっておらず、未だに葛藤を抱えていることもわかりました。人づきあいが苦手で友達もおらず、困ったことを誰にも相談できず、子どもとどう関わればよいのか全くわかっていませんでした。子どもの特徴、子どもの褒め方・叱り方など、いろんなことをCWに教えてもらいながら、少しずつ子どもとの関係も良好なものに変化していきました。子どもとの関係が変化すると同時に面会のキャンセルも減り、子どもへの関心も高くなってきました。CWもお母さんとたくさん話をしたことで母親理解が深まり、お母さんに対してポジティブな感情が持てるようになり関係が良くなったそうです。

　このようにうまくいく例ばかりではありませんが、いつか心を開いてもらえると信じて、常に「お母さんの気持ちに寄り添う」姿勢でお付き合いしたいものです。

第5章 心理職が関わる諸制度

5-1　児童養護施設に関連する法律や制度と心理職

　ここでは、心理職が関わる法律や制度について触れていきます。

　児童福祉法41条では「児童養護施設は、保護者のない児童、虐待されている児童、その他環境上養護を要する児童を入所させて、これを養護し、あわせて退所した者に対する相談、その他の自立のための援助を行うことを目的とする施設」と定義しています。児童相談所所長の判断に基づき都道府県知事が入所措置を決定する（措置制度と言う）、児童福祉法に定める児童福祉施設の一つです。

　児童養護施設では、児童福祉施設最低基準（章末に添付）によって、施設における設備や職員配置等の条件が定められています。

　平成24（2012）年には数十年ぶりにこの最低基準が改正され、その後も変更が加えられています。

　平成28（2016）年には児童福祉法も改正され、「新しい社会的養育ビジョン」という国の指針に基づいた都道府県社会的養育推進計画の策定要領が提示されています。施設の小規模化や地域分散化、多機能・高機能化といった児童養護施設の運営や支援内容に関わる提言も盛り込まれており、具体的な取り組みに向けた議論が現在も続いています。

　これらの法律や制度の変更は、実際の児童の生活や職員の働き方、支援のあり方にも大きな影響や変化を与えています。施設で働く心理職には、児童養護施設に関わる仕組みや情勢に対する関心と理解も必要になります。

5-2　制度に関わる社会的な背景

　平成6（1994）年に日本でも子どもの権利条約が批准されました。子どもの権利を守ろうという国際的な取組みが進められる中で、児童虐待という問題に対しても社会的な関心が集まるようになっていきました。平成8（1996）年前後から児童相談所における児童虐待相談対応件数は毎年増加しています（次ページ参照）。ただ、この数値の変化は、「虐待件数の増加」というよりは、「虐待問題に対応する意識の変化」と捉えるべきかもしれません。

　平成30（2018）年の児童養護施設入所児童等調査結果によると、児童養護施設に入所している児童の6割は虐待を受けているという結果が示されています。

　また、入所児童の被虐待児の多くが愛着障害、発達障害、行為障害等の問題を抱えており、施設内の混乱が増すとともに、子どもの生活全般に関わっているCWは、その対応に苦慮しているという実態があります。

　こうした状況を背景に、平成11（1999）年度から児童養護施設に心理職が配置されることになりました。厚生労働省児童家庭局によると、心理職の配置は「虐待等による心的外傷のためのカウンセリング等の心理療法を実施し、児童の安心感・安全感の再形成および人間関係の修正を図ることにより、対象児童の自立を支援すること」を目的としています。

図5-1では、全国の児童相談所における虐待相談対応ケースの推移とともに、上記で述べた心理職の配置の経緯を表しています。図からもわかるように、平成11（1999）年度から多くの心理職が配置されることになりました。

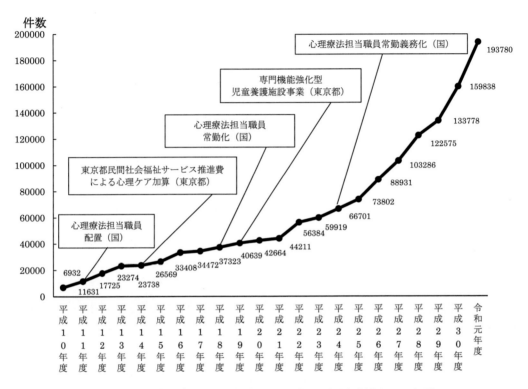

図5-1　虐待相談件数と心理職の配置の経過（厚生労働省 HP 参照）

5-3　児童養護施設の財政と申請・報告書類

(1)心理療法担当職員雇上加算（国による措置費）

　児童養護施設は主に国からの措置制度で成り立っており、措置費によって運営されています。この措置費は事務費（主に人件費分）と事業費（児童の生活等に関わるお金）に分かれています。

　心理職の配置に関しては、平成11（1999）年に心理療法担当職員雇上加算が事務費に加えられたことで、心理療法担当職員が配置されることになりました。その後、平成18（2006）年には心理職の常勤配置が可能となり、平成23（2011）年6月に心理療法を行う必要があると認められる児童10名以上に心理療法を行う場合、全ての施設への心理療法担当職員の配置が義務化されました。（平成23年厚生労働省令第71号 参照）。

　心理療法担当職員の資格要件は、「大学の学部で心理学を修めた学士であり、個人及び集団心理療法の技術を有するもの、又はこれと同等以上の能力を有すると認められる者」とあります。

業務内容は、

 ①対象児童等に対する心理療法

 ②対象児童等に対する生活場面面接

 ③施設職員への助言及び指導

 ④ケース会議への出席

 ⑤その他

が挙げられています（厚生労働省,2016）。

(2)東京都民間社会福祉施設サービス推進補助金（都による補助金）

　東京都では上記の国による加算に加えて、"東京都民間社会福祉施設サービス推進費補助金"として補助金が出ています。これは、主に基本補助と努力実績加算*注) で成り立っており、この中で心理職に関わるものとして、努力実績加算の内の「心理ケア加算」が心理支援を行った対価として支給されています。平成 16（2004）年度から導入され、支援内容は、（1）で示した国の業務に加えて「児童の保護者へのカウンセリング」「その他必要な支援」が明記されています。

　この制度の申請には、各施設で心理療法が必要と考えられる児童を選定し、対象とした理由や治療目標等を設定して、以下の書類を各児童相談所に提出し、許可を得ることが必要となります。

「添付資料4－2　心理療法対象児童の状況〈児童養護施設〉」

「6　週間処遇計画」

(3)専門機能強化型児童養護施設

　東京都では、治療的・専門的ケアが必要な児童への更なる支援の充実を図るため、専門機能強化型児童養護施設事業の取組みがあります。その目的は「専門職員等の配置と小規模ユニットケア運営の効果を踏まえ、児童養護施設を取り巻く状況等を検証しながら小規模ユニットケアを支え、個別的・専門的なケアが実践できる体制・仕組みづくりを行う」とされています。平成19（2007）年度からのモデル実施を経て、平成21（2009）年度より29施設を予算化（24施設で実施）、平成22（2010）年度には37施設を予算化し、本格的に実施が始まりました。令和3（2021）年度までに42施設が専門機能強化型児童養護施設として認可されています。

　この事業では、国の最低基準に加えて、都の配置基準の基本分として、非常勤医師と治療指導担当職員を配置することができます。また、施設運営向上事業という名目で、スーパーバイザーを配置することなども可能です（向上事業の内容は各施設で自由に設定できます）。

　治療指導担当職員の資格要件は国の心理療法担当職員と同様であり、基本的に心理療法が行える職員となっていますが、「必要に応じて作業療法士や言語療法士等も可能」とされています。

　その後、制度の改定があり、現在では条件を満たせば、治療指導担当職員の複数配置も可能となりました。

　　業務内容は、
　　　①職員への事例研修、ケースカンファレンス
　　　②子どもへの面接、心理ケア
　　　③職員への処遇技術の助言・指導
　　　④生活場面での状況観察及び処遇職員へのコンサルテーション
　　　⑤心理治療プログラムの検討・実施
　　　⑥施設内の治療的環境作り
　　が挙げられています。

　これらの業務については、毎年、実施計画書の作成、申請を行い、申請した内容については3か月に1度の報告と、年度末の報告をします。実施計画については、各施設任意で作成しますが、申請書に書かれた実施計画と対応するように記載し、3か月に1度提出する「専門機能強化型児童養護施設状況報告書」と年度末に提出する「令和〇年度東京都専門機能強化型児童養護施設実績報告書」も同じように実施計画書や申請書と対応させて記載します。

「令和〇年度東京都専門機能強化型児童養護施設指定申請書」

8　実施計画（具体的な取り組み内容を記載すること）

8　実施計画 （具体的な取り組みを記載すること。）	(1)非常勤精神科医師及び治療指導担当職員の業務について（配置計画・取り組み内容等） 　①精神科医師 　②治療指導担当職員 (2)児童自立促進の取り組み計画 (3)個別ケア、専門的ケアの実施計画 (4)ケア向上に向けた、他施設との情報交換・交流計画

「専門機能強化型児童養護施設状況報告書」（令和〇年〇月1日現在）例

（各年度、6月、9月、12月、3月の各月1日の状況を20日までに報告すること）

（3）具体的な取組内容等

① 対応困難児童の具体的な状況

② 専門職員の配置状況及び取組状況

	精神科医等	治療指導担当職員
配置形態	非常勤	常勤
配置状況	月2回、水曜日	週5日　4週8休
具体的な取組状況		

　こうした心理職員の関わる財政や書類等についてはさまざまなものがあります。これらを心理職同士で、さらには施設全体で共有していくことも大切なことになります。

＊注）基本補助と努力実績加算

平成16（2004）年4月に再構築された補助体制であり、基本補助は都として望ましいサービス水準を確保するために必要とされ、努力実績加算は他の施設より努力している内容に対し、その努力が報われるようにということで実施されたものです。

【文献】

厚生労働省(2016). 平成 28 年 6 月 20 日 雇児発 0620 第 16 号 家庭支援専門相談員、里親支援専門相談員、心理療法担当職員、個別対応職員、職業指導員及び医療的ケアを担当する職員の配置について

厚生労働省(2007). 社会保障審議会児童部会社会的養護専門委員会資料 東京都:東京都専門機能強化型児童養護施設制度実施要綱

厚生労働省(2011). 児童福祉施設最低基準等の一部を改正する省令(厚生労働省令第 71 号)

厚生労働省子ども家庭局・厚生労働省社会援護局障害保健福祉部(2020). 児童養護施設入所児童等調査の概要(平成 30 年 2 月 1 日現在)

社会福祉法人 東京都社会福祉協議会 児童部会(2021). 令和 3 年度児童部会総会資料

全国児童養護施設協議会(2010). 子どもの権利を擁護し養育条件を高める為に〜児童養護施設のありかた検討プロジェクト・提言〜

児童福祉施設の設備及び運営に関する基準

（昭和23年12月29日厚生省令第63号）　　　　最終改正：令和元年 厚生労働省令第32号

施行日：令和元年 7 月 31 日

項目	条項	規定されている主な内容
設備の基準	第41条 1号、2号	児童養護施設の設備の基準は、次のとおりとする。 1　児童の居室、相談室、調理室、浴室及び便所を設けること。 2　児童の居室の一室の定員は、これを四人以下とし、その面積は、一人につき四・九五平方メートル以上とすること。ただし、乳幼児のみの居室の一室の定員は、これを六人以下とし、その面積は、一人につき三・三平方メートル以上とする。
	第41条 3号、4号、5号、6号	3　入所している児童の年齢等に応じ、男子と女子の居室を別にすること。 4　便所は、男子用と女子用とを別にすること。ただし、少数の児童を対象として設けるときは、この限りでない。 5　児童三十人以上を入所させる児童養護施設には、医務室及び静養室を設けること。 6　入所している児童の年齢、適性等に応じ職業指導に必要な設備（以下「職業指導に必要な設備」という。）を設けること
職員の基準	第42条第1項	児童養護施設には、児童指導員、嘱託医、保育士、個別対応職員、家庭支援専門相談員、栄養士及び調理員並びに乳児が入所している施設にあつては看護師を置かなければならない。ただし、児童四十人以下を入所させる施設にあつては栄養士を、調理業務の全部を委託する施設にあつては調理員を置かないことができる。
	第42条第2項	家庭支援専門相談員は、社会福祉士若しくは精神保健福祉士の資格を有する者、児童養護施設において児童の指導に五年以上従事した者又は法第13項第2項各号のいずれかに該当する者でなければならない。
	第42条第3項	心理療法を行う必要があると認められる児童十人以上に心理療法を行う場合には、心理療法担当職員を置かなければならない。
	第42条第4項	心理療法担当職員は、学校教育法の規定による大学の学部で、心理学を専修する学科若しくはこれに相当する課程を修めて卒業した者であつて、個人及び集団心理療法の技術を有するもの又はこれと同等以上の能力を有すると認められる者でなければならない。
	第42条第5項	実習設備を設けて職業指導を行う場合には、職業指導員を置かなければならない。
	第42条第6項	児童指導員及び保育士の総数は、通じて、満二歳に満たない幼児おおむね一・六人につき一人以上、満二歳以上満三歳に満たない幼児おおむね二人につき一人以上、満三歳以上の幼児おおむね四人につき一人以上、少年おおむね五・五人につき一人以上とする。ただし、児童四十五人以下を入所させる施設にあつては、更に一人以上を加えるものとする。
	第42条第7項	看護師の数は、乳児おおむね一・七人につき一人以上とする。ただし、一人を下ることはできない。

項目	条項	規定されている主な内容
児童養護施設の長の資格等	第42条の2第1項	児童養護施設の長は、次の各号のいずれかに該当し、かつ、厚生労働大臣が指定する者が行う児童養護施設の運営に関し必要な知識を習得させるための研修を受けた者であつて、人格が高潔で識見が高く、児童養護施設を適切に運営する能力を有するものでなければならない。 一　医師であつて、精神保健又は小児保健に関して学識経験を有する者 二　社会福祉士の資格を有する者 三　児童養護施設の職員として三年以上勤務した者 四　都道府県知事が前各号に掲げる者と同等以上の能力を有すると認める者であつて、次に掲げる期間の合計が三年以上であるもの又は厚生労働大臣が指定する講習会の課程を修了したもの イ　児童福祉司となる資格を有する者にあつては、児童福祉事業（国、都道府県又は市町村の内部組織における児童福祉に関する事務を含む。）に従事した期間 ロ　社会福祉主事となる資格を有する者にあつては、社会福祉事業に従事した期間 ハ　社会福祉施設の職員として勤務した期間（イ又はロに掲げる期間に該当する期間を除く。）
	第42条の2第2項	児童養護施設の長は、二年に一回以上、その資質の向上のための厚生労働大臣が指定する者が行う研修を受けなければならない。ただし、やむを得ない理由があるときは、この限りでない。
児童指導員の資格	第43条	児童指導員は、次の各号のいずれかに該当する者でなければならない。 一　地方厚生局長等の指定する児童福祉施設の職員を養成する学校その他の養成施設を卒業した者 二　社会福祉士の資格を有する者 三　精神保健福祉士の資格を有する者 四　学校教育法 の規定による大学の学部で、社会福祉学、心理学、教育学若しくは社会学を専修する学科又はこれらに相当する課程を修めて卒業した者 五　学校教育法 の規定による大学の学部で、社会福祉学、心理学、教育学又は社会学に関する科目の単位を優秀な成績で修得したことにより、同法第百二条第二項 の規定により大学院への入学を認められた者 六　学校教育法 の規定による大学院において、社会福祉学、心理学、教育学若しくは社会学を専攻する研究科又はこれらに相当する課程を修めて卒業した者 七　外国の大学において、社会福祉学、心理学、教育学若しくは社会学を専修する学科又はこれらに相当する課程を修めて卒業した者 八　学校教育法 の規定による高等学校若しくは中等教育学校を卒業した者、同法第九十条第二項 の規定により大学への入学を認められた者若しくは通常の課程による十二年の学校教育を修了した者（通常の課程以外の課程によりこれに相当する学校教育を修了した者を含む。）又は文部科学大臣がこれと同等以上の資格を有すると認定した者であつて、二年以上児童福祉事業に従事したもの 九　学校教育法 の規定により、小学校、中学校、高等学校又は中等教育学校の教諭となる資格を有する者であつて、都道府県知事が適当と認めたもの 十　三年以上児童福祉事業に従事した者であつて、都道府県知事が適当と認めたもの

項目	条項	規定されている主な内容
養護	第44条	児童養護施設における養護は、児童に対して安定した生活環境を整えるとともに、生活指導、学習指導、職業指導及び家庭環境の調整を行いつつ児童を養育することにより、児童の心身の健やかな成長とその自立を支援することを目的として行わなければならない。
生活指導、学習指導、職業指導、及び家庭環境の調整	第45条	児童養護施設における生活指導は、児童の自主性を尊重しつつ、基本的生活習慣を確立するとともに豊かな人間性及び社会性を養い、かつ、将来自立した生活を営むために必要な知識及び経験を得ることができるように行わなければならない。 2　児童養護施設における学習指導は、児童がその適性、能力等に応じた学習を行うことができるよう、適切な相談、助言、情報の提供等の支援により行わなければならない。 3　児童養護施設における職業指導は、勤労の基礎的な能力及び態度を育てるとともに、児童がその適性、能力等に応じた職業選択を行うことができるよう、適切な相談、助言、情報の提供等及び必要に応じ行う実習、講習等の支援により行わなければならない。 4　児童養護施設における家庭環境の調整は、児童の家庭の状況に応じ、親子関係の再構築等が図られるように行わなければならない。
自立支援計画策定	第45条の2	児童養護施設の長は、第四十四条の目的を達成するため、入所中の個々の児童について、児童やその家庭の状況等を勘案して、その自立を支援するための計画を策定しなければならない。
業務の質の評価等	第45条の3	児童養護施設は、自らその行う法第四十一条 に規定する業務の質の評価を行うとともに、定期的に外部の者による評価を受けて、それらの結果を公表し、常にその改善を図らなければならない。
児童と起居を共にする職員	第46条	児童養護施設の長は、児童指導員及び保育士のうち少なくとも一人を児童と起居を共にさせなければならない。
関係機関との連携	第47条	児童養護施設の長は、児童の通学する学校及び児童相談所並びに必要に応じ児童家庭支援センター、児童委員、公共職業安定所等関係機関と密接に連携して児童の指導及び家庭環境の調整に当たらなければならない。

第6章 長く続けていくために

児童養護施設における臨床を意味あるものにするには、一朝一夕にはいきません。臨床家自身が施設という現場の特性に十分馴染んでいくことが必要であり、それにはそれなりに長い時間を要します。ここでは長く勤め続けていくために必要なことを述べてみたいと思います。

6-1　心理職自身が施設に根づいていく

　本来は生活の場から離れたところで行われる心理療法を担うのが心理職ですが、施設というのは心理療法にこだわることなくより柔軟に立ち回ることが期待される場です。新任心理職は、そういった環境にまず驚き、混乱するかもしれません。それと同時に、施設からは「こころの専門家」として多大な期待を受けることもあると思います。そういった環境の下で、初めから何もかもうまくやろうとしないことが大事です。まずはできることから始めていき、少しずつできることを増やしていくこと、そしてその中で少しずつ理解者を増やしていくことが大切です。このような流れは文章にすると簡単ですが、実際行っていくにはとても時間がかかるものです。しかし、長く時間がかかるからこそ、その間に無理なく施設に馴染んでいくことができます。馴染んでいく中で、専門性もより適正に発揮できるようになります。そういった意味でも、長く働き続けるということは心理職自身にとっても、施設にとっても大変有益なことです。

　心理職が施設に根付いていくためには、自分の所属する施設の文化・歴史を知ることがとても重要になります。入職する時、おそらくほとんどの心理職は「児童養護施設がどういう場所なのか」を知らないでしょう。児童養護施設がどのような経緯で始まり、どのような歴史を辿ってきたのかということについては、とりあえず文献に当たれば概ね知ることができます。しかし、施設ごとの文化や歴史というのはそうはいきません。勤めてみて初めてわかること、何年も働き続けてやっとわかることもあるでしょう。自身が勤める施設の文化・歴史を詳しく知っていくと、必ずしも良いことばかりではなかったことがわかるかもしれません。あらゆる良きことや苦労することの積み重ねを経て、現在の施設があるということは忘れてはいけません。その歴史を自らの身に引き受けてこそ、長く働き続けること・施設に根付いていくことにつながるのではないでしょうか。

　また、施設の文化・歴史を心理職が知ることと併せて大事になってくるのは、心理職の考え方や心理療法の性質（特質）を施設の職員に理解してもらうことです。この何年かで、心理療法について勉強している施設職員も増えていますが、実際は「面接室で何をしているのだろう？」「心理療法にはどんな意味があるのか？」など疑問を感じている職員も多いのではないでしょうか。CWによる日常での関わりに比べて心理療法の効果ははるかに目に見えにくく、時には悪化しているように見えてしまうこともあります。そこから心理職への不信感が生まれてしまうこともあるかもしれません。施設の職員に心理職の考え方や心理療法の性質（心理のできること・できないこと）を知ってもらうことで、心理職・心理業務を施設に必要な存在・機能として信頼してもらうことが可能になります。

心理職は施設の文化・歴史を知り馴染むことで施設並びにCWへの信頼感が深まります。そして、施設職員は心理の文化を知ることで心理業務・心理職への信頼感が深まります。お互いに専門家同士として信頼感を持ちあうことが、子どもへの心理ケアの質に大きく影響するのではないでしょうか。

　ところで、心理職に求められているのは、主に虐待を受けた子どもたちへの心理的ケアであるかのように思われがちですが、実際には虐待を受けた子どもへの対応だけに限りません。虐待を受けた子どもだろうとそうでなかろうと、入所児の背景にはさまざまな要素が絡まっています。発達障害（傾向）の子ども、精神疾患を抱える親、不登校などの学校不適応や反社会的な逸脱行動等、このような数々の課題を子ども達は施設の生活の中に持ち込んできます。ただでさえ職員の余裕を失わせる要因が多くあるなかでは、このような多彩な課題を取りこぼさないように、できるかぎり心理職は多角的な視点と客観性を保ちたいものです。そのような心理職の存在が、共に働く職員を支えることになり、結果として子ども達を支えることにもなります。

　施設で長く働き続けると、職員とのつながりだけでなく、子どもとの（面接でのつながりにとどまらない）つながりもできます。長く子どもと関わることで、面接での変化以上に子どもの成長を実感することもできます。また、退所した子どもが施設に遊びに来たりすることもありますし、CWなどから退所児などの近況を聞くこともあるでしょう。これらは外来型の臨床ではなかなか経験できないことですが、こういったことが心理職にとってもささやかな喜びになります。心理療法の効果が退所後何年かして感じられることもありますので、「あ〜、がんばってよかったな」と思えたり「（子どもとの関係が）つらかったけど、心理療法を続けてよかったんだな」等と数年経ってから自分のやり方に自信・確信を持てたりするようになることもあるのです。

　外部の関係機関との連携の必要性については既に第4章で述べましたが、施設の一職員であるという前提で他機関とのつながりが持てるようになることは、施設に根づいていくプロセスにおいて大切なひとつの要素です。心理職も外部の人から見れば施設の職員の1人です。心理職の専門性を活かすために、CWと異なる動きをすることもありますが、「心理職であると同時に自分はこの施設の職員である」という意識を忘れないことがとても大切になります。

　以上のように、心理職が施設に根づいていくためには、いくつもの困難があります。新任心理職の方にとっては戸惑うことも多くあるでしょうが、まずは自身の興味・関心を強く引かれる部分についてか、あるいは自信のあるところから取り組んでいくのもよいかもしれません。そういった取組みの成功・失敗を繰り返しながら、徐々に自信が持てるようになり、少しずつ施設に根づきつつあることを感じられるときが来ると思います。

6-2　仲間をつくること・仲間になっていくこと

　組織のなかで働く心理職というのは、どんなに同職種が増えたにしても、組織のなかでは少数派の職種であることには変わりありません。おそらく、多くの同業種に囲まれて仕事ができるのは、心理相談専門の機関ぐらいのもので、大半の現場が同じ状況だと思います。

　私たちの勤める児童養護施設（東京都の場合）では、各施設に常勤で心理療法担当職員が1名、専門機能強化型施設なら加えて治療指導担当職員が1名から2名というのが基本の配置になっていて、それをそれぞれの施設で工夫しながら非常勤も含めた複数配置にしているのが現状です。複数配置にしていても、非常勤が曜日替わりの勤務ですれ違いになってしまうと、結局1人勤務ということになり、なかなか一緒に働いていることを実感し難いということもあるようです。そのような状況のなかでは心許ない気持ちになることもしばしばあるでしょう。要するに、未だ心理職で一部門を形成することはなかなか難しい現状があるということです。新任で入職したとしても、前任者と入れ替えでの入職になってしまい、先輩職員から指導を受けるとか仕事を引継ぐという当たり前のことが難しい状況もあるようです。

　ということは、先輩職員の背中を見ながらノウハウを継承するようなことが困難で、限られた視野のなかで独りよがりになりやすい傾向があるということです。しかも、大学や大学院で学んできたことと、現場で必要とされたり期待されることとのあまりにも大きなギャップに戸惑いつつ、伝統的な心理療法の原則を頑なに守ろうとしてみたり、現場の要求に流されてみたりしながら、自分の施設内心理職としてのアイデンティティをつくっていくことになります。このアイデンティティ形成のプロセスで迷い悩み試行錯誤をしていくことはごく自然なことでしょう。しかし、厄介なのはそのプロセスで自分の悩みを聞いてもらったり、客観的にアドバイスしてもらったりする仲間がいない、あるいは少ないことがあるということです。複数で勤務している場合は、相談の場を工夫することもできるかもしれませんが、それだけではやはり不十分でしょう。やはり、施設の外部に同じ児童養護施設に勤める同業種の仲間を持つことは大切になってきます。研究会やグループ・スーパーヴィジョンのような継続的に参加できるグループに入ることができるのが望ましいですが、なかなか難しいこともあるでしょう。研修会などの機会をつかまえて、気軽に相談できる仲間と知り合うことで、ローカルな支え合いのつながりができたら良いと思います。幸い、近年はこの領域の実践のモデルを作ろうとの動きが方々で見られるようになってきているのと同時に、さまざまな形で施設内心理職のネットワークをつくろうとの動きが見られるようになりました。なかにはメーリングリストなどを活用したネットワークもあるので、積極的に登録していきたいものです。

　また、これも当然のことですが、同じ児童養護だけでなく、他領域に働く心理職の意見を聞くことも時に刺激的で参考になるでしょう。特に、組織の中で動く心理職の実践としては、児童養護施設よりも実践の積み重ねが長いものとしてスクールカウンセラーの実践

があり、子ども達の生活の場に赴いての実践だという構造も近似的なので、もっと参考にされてよいのかもしれません。それから、言わずもがなですが、同じ児童福祉領域では児童心理治療施設や児童自立支援施設、乳児院、知的障害児施設における実践にも参考にすべきヒントがあると思われます。

　以上、同業種の仲間をつくっていくことについて述べてきましたが、もうひとつ忘れてはならないのが、施設の中に仲間をつくっていくこと、つくるというよりむしろ施設職員の仲間になっていくことの大切さです。まずは、施設内に理解者を増やしていくことです。大抵、一緒に働くCW達は、肯定的であれ否定的であれそれぞれが心理職に対する「幻想」を持っています。それをより現実的な認識にしていくためには、心理職自身が面接室に篭ることなく職員集団の中に入って行って、自分の仕事についての説明責任を果たしていく必要があります。無論、初めから自分自身が児童養護の仕事の中でどのような貢献ができるのかということをきちんと説明できることは難しいかもしれませんし、実践を重ねていってもなかなか成果が上がらず自分自身の役割がわからなくなることもあるかもしれません。しかし、いま自分ができること協力できることが何かを捉え、それをきちんと説明していくことはとても大切なことです。

　ただし、ここで大切なのは、一方的に理解を求めるのではなく、相互理解が必要だということです。CWのみなさんの仕事がどのようなものであるのか心理職がよく理解しておくということも同じ現場の仲間として当然必要になるので、そのための努力は惜しまないようにしなければなりません。児童養護施設のケアワークという仕事の過酷さは傍らで見ていてもわからないではありませんが、身に染みて感じられる距離まで踏み込むことを考えても良いかもしれません（ただし、心理職としての立場・姿勢を見失わないようにすることが大切です！）。早晩、CWと共に困難なケースを受け持ち、伴走することになりますから、協力関係・信頼関係を作っていく努力を惜しまないようにしたいものです。

6 - 3　視野を広げよう

　私たちが心理臨床の専門家として学んできた臨床心理学の教育課程には、一応隣接領域に関するものも含めて必要なものは一通り揃っています。しかし、学んできた者の実感としてはどうでしょう。これは施設の現場に入ってからようやく感じられることなのかもしれませんが、自分が学んできたのは心理療法についてだと感じられないでしょうか。面接場面でクライエントにどう向き合うのかについては懸命に勉強し訓練を受けてきたのは確かです。しかし、面接を図とするとその背景となる部分、すなわちクライエント本人ではなく周囲の人々とどのように関わるか、他職種との協働のなかで自分がどのように振舞うか、ケースワークの流れのなかで自分の仕事はどのように貢献できるのか等々についてはほとんど学んできていないし、そんな訓練を十分に受けてきた人は数少ないでしょう（コミュニティ・アプローチを中心に学んできた人もいるでしょうが、それは例外的なことでしょう）。

ところが、施設の臨床では、このような面接以外のさまざまな事柄、外的現実に起こることにも目を向けることが必要になります。面接がどこかファンタジーの色を帯びることがあるにしても、子どもたちの生きる現実は過酷です。自分の家に帰れるだろうか、また家族と一緒に暮らすことができるだろうか、それとも家族を諦めて施設で生きていくことを強いられるのか。そういう切実な想いや不安を抱えながらも、子ども達が過酷な現実になんとか地に足をつけて生きていけるように支援していくことが、施設が社会から要請された機能なのであり、心理職もその仕事をするメンバーの一員なのです。ですから、子どもたちの内的世界を守りつつも、現実世界にしっかり橋渡ししていくことが、施設内心理職としての大切な役目です。

　したがって、臨床心理学の知見だけでは不十分と言えるでしょう。やはり、児童養護施設は子ども達が文字通り暮らしている場所なのですから、子どもの生活・成長に関わることについては幅広く知っておかないと、単に臨床心理学の観点から発信するばかりでは、日常生活やケースワークを乱すことにもなりかねません。もちろん初めから全てを知っておくことは不可能なので、せめて日頃から周囲に気を配りできるだけ多くを吸収していけるような姿勢を保つことが望まれます。このような気配りをしながら長く勤めていけば、徐々に勝手が分かるようになっていくでしょう。

　施設の現場においては、面接で「子どもの内面でこんなことが起こっている」という理解と、そこへの介入だけでは済まされない事態に日々直面します。例えば、知的にボーダーと言われる子ども達や情緒的に不安定な子ども達が、通う学校を選択する局面。私たちのアセスメント能力の発揮しどころですが、単に検査をして数値を出して所見を出しておしまい、というわけにはいきません。教育現場の仕組みを考慮に入れながら関係者とこの子にはどこがふさわしいのか、どこが選べるのかということの協議・相談にも食い込んでいかなければならないわけです。そういう時に、臨床心理学だけの頭で貢献することは難しいでしょう。各自治体の教育制度を前提に、関係者に自分の見立てをきちんと説明できることが求められます。

　もうひとつ例を出しましょう。私たちが子どもの面接をしているとして、その子どもについての見立てから、「この子の情緒的安定のために、いまは親と交流させるべきではない」との意見を出すとしたら、どうでしょう。もちろん、これが的を射ている場合もあります。しかし、子どもは独りで生きてきて施設に入ってきたのではなく、大半は親がいて子どもを引き取りたいと思い、子ども自身も家族の元に帰りたいと思っているというような文脈のなかで、単純にそう言い切ってしまって良いのかというところは十分吟味する必要があります。この点では、ソーシャルワーク的な視点も必要となるところであり、単純にセラピストの視点から意見を言っていれば良いということにはなりません。もちろん、ときにケースの進行状況を左右するような発言をしなければならない局面もあるでしょうが、「今のケースの進行状況の中で心理職として何が言えるだろう」と考えながら発言することが大切になります。この例で述べたような家族再統合に関連するような状況に限らず、児童

福祉の制度がどのようになっていて、児童相談所や施設はどのように動けるのかどのように動くべきなのかという仕組みは頭に入れておかなければならないでしょう。

　教育、ソーシャルワークを例に述べてきましたが、もうひとつ忘れてはいけないのは（第4章でも述べたように）医療です。子どもの精神状態や問題行動が悪化するなどして施設内で不調になったとき、しばしば医療との連携を必要とします。医療現場から必要な支援を引き出そうとするには、医療現場のもつスタンス（それは病院や主治医によっても変わります）を確認しながら進める必要があります。それから、私たちが注意しなければならないのは服薬に関してです。ただ漫然と薬を飲むだけでは足りません。医療の関わるケースの経験が増えるにしたがって薬についての知識も増えていきますが、主治医が何を狙ってその薬を処方し、その薬の助けを借りながら施設では何をするのかという視点が大切です。医療を上手に利用するために、医療についての理解も深めていく方が良いでしょう。

　以上のように、心理療法の中身ばかりに気を取られることなく心理療法の外側へ眼差しを向けていくことは長く続けていく上で必然的に求められてきます。これは、あらかじめ知っておこうということではありません。面接の周辺に目を開いておけば、少しずつ見えるようになってくるはずです。見ようとしなければ見えないものに対して、関心を持ち続けることを大切にしたいと思います。

6-4　スーパーヴァイズを受ける

　心理療法を行うにあたり、スーパーヴァイズ（以下SV）を受けるということは必要不可欠と言われていますが、生活の中における臨床という特殊な要素を考慮に入れてSVできるスーパーヴァイザー（以下SVor）を見つけることは容易ではないのが現実です。施設心理職がSVを受けるとしても、SVしてもらえるのはあくまでも心理療法についてであって、その他の幅広い業務についてもSVをもらえることは期待しない方がよいかもしれません。たとえそうだとしても、SVが心理職にとって必要であることに異論をはさむ人はほとんどいないでしょう。

　児童養護施設での心理療法においてもたいていの場合は、面接室という閉じられた場所で心理職と子どもが一対一で行うことがほとんどです。特に新任の心理職は、子どもが心理療法の中で見せる言動を「どう受け止め」「どう返す」べきかなどをその場で判断していくことに不安を感じるかもしれません。面接室で子どもが見せる表情・動き、発する言葉は、その場にいる心理職だけが受け止めることができますが、前述にあるように、その言動を「適切に受け止められているか」「適切な方法で返せているか」という部分で、客観的視点が持ちにくくなることも確かです。その場で子どもの様子を見ているのは心理職一人きりですから、万が一「不適切な受け止め方」をしてしまっていたり、「ずれた認識」を持ってしまったりした場合、その場で訂正をしてくれる人はいません。

　そのような場合にSVを受けることで、自分の面接室での動き・子どもの動きを客観的に見ることができるようになります。そして、（SVを受けることで）自身の不適切な受け

止め方や認識のずれにも気付くことができるようになります。また、そういった場合の修正方法・対応方法を SVor から教わることもできます。具体的な方法だけでなく、心理療法における心理職としての子どもの見方なども整理していくことも可能です。結果的に、心理職としての専門性が向上することになります。

　SVor は、心理職がより専門性の高い心理職に成長できるような視点でアドバイスをくれます。時には、「子どもがこういった出方をしたらこう言いなさい」など具体的な指示も出るかもしれません。慣れない心理職は、「その時が来たら言わなければ…」と焦ってしまうこともあるでしょう。そのタイミングがやってきても、うまく言えない時もあると思います。しかし、不思議なことに、子どもは再びチャンスをくれるのです。良い SVor は、繰り返される子どもの遊びや言動の中に、その子どもの内面でいまテーマになっていることを適確に指摘してくれます。心理職は、SVor にもらったアドバイスを受け止め、自分のペースで活かしていけるとよいのだろうと思います。ただし、留意すべき点が１つあります。それは、施設での臨床はまだ開拓途上の領域だということです。SVor が言ってくれたことをそのまま鵜呑みにすることなく、現場に身を置く私たち自身が主体的に考えていくことも必要です。心理療法家としての資質向上が必要なのはもちろんですが、それと同時に心理職として有意義な仕事ができるようになることが私たちの目標であることを忘れないようにしたいものです。

　また、同業の心理職同士でのつながりもとても大事です。SVor の存在とはまた異なり、フランクな雰囲気の中で、些細なことでも相談することができるので、SVor には相談できないような、施設での実践におけるより幅広い課題を吟味するよい機会になるかもしれません。相談する中で、同じような不安を抱えているなど、共感できる体験をしている人にも出会えるのではないでしょうか。また、裏技的な戦略を教えてくれる人もいるかもしれません。いろいろな思いなどを同業の心理職同士でシェアすることで、不安や孤独感なども軽減し、次へのステップ、やりがいを見つけることができるようになるかもしれません。また、同業の心理職同士で研修や勉強会、研究を行うことで、より自身の専門性を高めていくことができると思われます。

　SV 用や勉強会用にケースを文書にまとめるなど、口頭で報告するために振り返る作業を行なうと、ケースをより客観的な視点で見ることができるようになるものです。作業を通して、方向性の確認や修正点の発見ができるようにもなると思います。

　平成 22（2010）年度アンケートの結果からは、SV を自費で受けている心理職の方が多いことが窺えます。また、さまざまな理由で SV を受ける余裕がない方も多くいるようです。前述のように、SV を受けることは心理業務を行う上で大切なことですので、今後心理職が SV を受けやすい状況が整っていくことが望まれます。

6-5　心理職もセルフケアの意識を持とう

　前章でも触れたように、心理職は施設内においてＣＷのメンタル面でのサポートを求め

られることがあります。皆さんの施設にも、精神的に追い詰められて勤務に出て来られなくなった職員や、休職している職員がいることもあるかもしれません。そのような現場において職員集団のメンタルヘルスへの意識を高めるのに私たち心理職が貢献する必要は確かにあります。対人援助職の燃え尽き（バーンアウト）の問題は私たちの間では既に常識になっていますが、外傷体験を持つ児童のケアという仕事の性質からすると、Stamm（1999）によって編まれた『二次的外傷性ストレス』（邦訳 2003）などを参考に、私たち自身がトラウマを受けた者をケアすることの過酷さを良く知っておかなくてはならないでしょう。

　しかし、CW 同様、心理職だってケアする者です。平成 27（2015）年度 12 月から、一定規模（50 人）以上の事業所はストレスチェック制度が義務化されていますが、制度の対象には当然心理職も含まれています。心理職も精神的に追い詰められることがありますし、バーンアウトや共感疲労、二次受傷といったリスクを抱えています。Brammer らの著作（1999）の邦題にあるように『ケアする人だって不死身ではない』（邦訳 2005）のであって、心理職もケアする人である以上全く同様と言わねばなりません。最も注意すべきこととして、北山（1993）の言うような「自虐的世話役 masochistic caretaker」*注）になる可能性は、心理職だろうとCWだろうと同様であることを肝に銘じておきましょう。

　以上のようなことを前提にすると、心理職がCWと本格的に治療関係を結ぶようなやり方は、困難なことがわかります（これは平成 22（2010）年度アンケートの結果からも推察されます）。心理職もチームの一員なのですから、そういう認識で必要な時にはサポートし合う関係作りを大切にしていく方が現実的です。

　対人援助職のセルフケアに関しては沢山の本が出ているので、詳しくはそれらを読んでいただくとして、ここでは平成 22（2010）年度アンケートにおけるメンタルヘルスに関する質問への回答に目を向けてみたいと思います。回答を大雑把にまとめると以下のようになりました（以下、平成 22（2010）年度アンケート調査結果より）。

施設で働いていて悩んでいること	相談できる人がいない（先輩の心理職がいない etc.）、SV を受ける余裕がない／対応での傷つき（二次受傷）・疲労・無力感 etc.の負の感情／子どもの見立てが難しい／実力不足／児童養護施設の心理職としての専門性／心理職の立場の弱さ／生活場面への対応について
悩みを解決するためにしていること	人に話す（同じ施設心理士、他領域の心理士、同僚、先輩心理士、家族、友人ほか）／研修、SV、ケース検討／仕事について考えない時間を作る、休日はきちんと休み趣味などに使う／できることからやっていく／面接室に閉じこもらない、頻繁なコミュニケーション
ご自身の精神的健康を保つためにしていること、気をつけていること	プライベートの時間の充実：睡眠、趣味、運動、リラクゼーション、家族との時間など／仕事とプライベートをきっちり分ける（プライベートに仕事を持ち込まない etc.）／仕事量を増やさない、自分のペースを守る／仲間との交流／困難を一人で抱え込まない、誰かに相談する

この結果からは、①苦悩したときには誰かに聴いてもらうこと、②仕事との境界線を明確にして、プライベートの生活を充実しておくこと、③休日をしっかりとって楽しむこと、というある意味当然とも思えるものが浮かび上がります。しかし、このような当たり前のことが、仕事に大波が来たときや私たちが余裕を失ったときに、ついつい疎かにしがちなことではないでしょうか。もっとも大切なのは、自分の生活・人生が仕事に呑み込まれてしまわないために、これらの当然と思えることへしっかり目を向けておくことなのかもしれません。

　以上、心理職が施設において長く勤めていくために必要なことを5つのポイントに分けて述べてきました。これを読んでみて「やっぱり施設の臨床は難しい」と感じられたでしょうか。たとえそうだとしても意気消沈することはありません。大切なのは慌てずに地道に続けていくことです。地道に続けていけば、施設ならではのやりがいが徐々に感じられるようになっていくでしょうから、諦めずに続けて欲しいと思います。

＊注）北山（1993）の「自虐的世話役」は、元々は臨床場面における患者の臨床像について述べたもの。その三つの特徴は以下の通り。

　(1)面倒見がいい：世話を求める者に対して非常に面倒見がよく、世話を頼まれると嫌とは言えない。そのため、多くの用事や仕事を限界を越えて抱え込み、無理をしていて、余裕がなく、心身の消耗を繰り返す。面倒を見ることがうまくいかないと、恥ずかしくなり、極端な場合には死にたくなるほどの抑うつや罪悪感を抱く。

　(2)自分のことをかまわない：自分の世話を自分で見ることや、自分の世話を他人にまかせることについて、悪いと感じやすく、やりたくともこれがなかなかできない。そのために、身体的に傷ついても、精神的に抑うつ的になっても、また身体的な病気になっても、適切な世話を受けることが困難となる。

　(3)自虐性：具体的に言うならば、自分をいじめたり、責めたりする癖がある。軽い場合は単なる苦労性だが、この癖は進むと、快感や満足を伴うようになり、執拗に求められ、苦労や無理が、「やり甲斐」「生き甲斐」を伴って目的化する。

【文献】

Brammer, L.M., Bingea M.L. (1999). Caring for Yourself While Caring for Others: A Caregiver's Survival and Renewal Guide. Vintage Press.（森田明子(編訳)(2005). ケアする人だって不死身ではない —— ケアギヴァーの負担を軽くするためのセルフケア. 北大路書房）

北山修（1993）. 見るなの禁止（北山修著作集 日本語臨床の深層 第1巻）岩崎学術出版社 159-160.

Stamm, B.H. (1999). Secondary Traumatic Stress: Self-Care Issues for Clinicians, Researchers, & Educators. 2nd. ed. Sidran Press.（小西聖子・金田ユリ子（訳）(2003). 二次的外傷性ストレス —— 臨床家，研究者，教育者のためのセルフケアの問題. 誠信書房）

　児童養護の現場はその過酷な業務のために離職率も高く、そのことは我々心理職にとっても同じことです。私自身の経験を振り返ってみても、これまでに幾度か施設を辞めたいと思ったことがありました。しかし、そのたびにもう少し頑張ってみようと思うのは、やはり施設臨床ならではのやりがいがあるからだと感じます。

　子どもたちはその小さな心と体にたくさんの傷を持ち、家族と共に暮らせない寂しさや悲しみを抱えながら生きています。そんな子どもたちがふとした時に見せる頑張りや成長した姿は、何にも代えがたい喜びです。人前に出ると泣きだしていた子が学芸会の劇でセリフを言った時、ただぐずって暴れるだけだった子どもが自分の気持ちを言葉にできた時…。できなかったことができるようになる、そんな日常の些細な一面を我々心理職が目にすることができるのは、やはり生活の場である施設での臨床ならではの喜びであり、やりがいであると思います。これはおそらくCWも同じように考えているのではないでしょうか。「あの子、成長したよね」とCWたちと話していると、施設全体が子どもを包み込んでいることが実感でき、「この施設にいてよかったな」と思うことができます。

　CWとの連携でいうと、コンサルテーションがうまく機能した時。例えば、私が「この子はきっと、こんな風に言ってもらいたいんじゃないか」とCWに伝え、後日そのCWから「〇〇さんが言ったみたいに、試しに言ってみたら、すごく素直に言葉が入ったんだ」と言ってもらえた時がありました。そんな時は、心理職が直接子どもに関われなくてもできることがあるのだと教えてもらった気分になりました。心理療法以外の方法で幾通りもの支援ができるのだ思うと、増える仕事量に頭を悩ませつつも、「頑張るか！」という気持ちがわいてくるものです。

　他にもたくさんのやりがいや喜びが施設臨床にはあります。退所する子どもたちが「ここにいてよかった」と言ってくれる時、家庭引き取りになった子どもの元気な様子を聞いた時、CWが子どもと深い信頼関係を結んでいくのを見た時…。その小さな体にたくさんの苦しみや痛みを抱えながらも、子どもたちが施設の中でたくさんの人に見守られながら生きていく、その道のりに心理職も参加させてもらえるのはやはり施設臨床の醍醐味なのではないでしょうか。

　これを書いている今も、子どもたちは少しずつ大きくなっています。CWは子どもと格闘しながら、その心に寄り添おうとしています。子どもが学校帰りに事務所に寄って、「今日は先生と遊ぶ日だよね！！あとでね！」と言っていきます。『もう少し長く、この施設という現場で子どもたちとCWと共に頑張ってみようかな』と思わせてくれる、そんなご褒美のような小さな日常の一コマが施設にはあるのです。

第7章 利用できる機関やプログラムの一覧

連携機関名			利用・連携目的、心理職の関わり方
児童相談所関連	児童相談所		児童養護施設が関わる児童相談所の機能としては、入所から退所まで児童の措置に携わり、入所児童への心理査定、面接などの実施、退所後の関わり(アフターケア)において協働することもあります。入所中、施設で家庭の情報を知る必要性や、外泊や面会のあり方などを検討する際は、必ず児童相談所との連携が必要となってきます。また、問題行動が頻発している子どもや家庭調整の必要な子どもについて、子どもの様子を共有して今後の支援を検討する際には、子どもの心理学的所見は必須です。医療へつなげる必要性が感じられる場合においては、まず児童相談所の福祉司・心理司に相談し、確認した上で医療機関へつなぎます。これらの連携の際に、私達心理職は、個別面接や、生活場面を通して得られた心理職の立場からの意見を提供し、支援の一部を担うことになります。また、児童相談所では、愛の手帳の判定も行っており、知的障害や発達障害を持つ子どもの支援に際して判定をお願いすることもあります。
	一時保護所		一時保護所は、家庭から保護された児童が「施設入所」や「家庭での福祉司指導」などの措置が決まるまで、児童が一時的に生活する場所です。一時保護所から施設入所する際、施設入所が決まった時点で、少しでもスムーズに施設の生活に移行できるよう、施設から入所後担当する予定の職員が一時保護所に行き、子どもと顔合わせをしています。その際に心理職も同行して子どもの様子や心理的支援の関わりの必要性について検討することがあります。 　また、施設入所児童において、度重なる問題行動や、暴力、性的問題などが生じた場合に一時的に施設から離れて生活の見直しを図るために利用することもあります。その際に子どもの様子や特性について情報交換を行い、今後の支援を検討する上でも心理職の立場からの意見を求められることは多々あります。
	治療指導課 (児童相談センターのみ設置)		児童相談センター内に以下のような心理治療プログラムを実施する機能があり、施設の子どもたちも宿泊・通所施設として利用できます。利用したい場合は、子どもを担当している児童相談所を経由することになります。
		①親子のサポートステーション 『ぱお』	『ぱお』は、不登校、問題行動など施設不調が生じた際に、利用の目的の整理を行った上で、宿泊や通所という形で利用することができ、施設と共に子どもについて考えてくれます。必要に応じて心理職も連携に参加することがあります。
		②家族合同グループ心理療法 『おたまじゃくし』	家庭引き取りに向けて、あるいは家族調整の支援の一環として親子プログラムの実施を行います。施設としては、子どもの様子を中心にグループスタッフと連携をしたり、親子プログラムでの様子などを共有したりすることで親支援や子どもの支援を行っていきますが、その際に心理職として意見を述べたり、子どもだけでなく、親からの相談に応じたりすることもあります。
		③親グループカウンセリング 『やっほー』、『い・い・な』	上記の支援の一環として保護者への援助も実施されています。

	連携機関名	利用・連携目的、心理職の関わり方
児童相談所関連	④幼児通所グループ『てんとうむし』	親からの虐待を受けて施設入所している幼児が、健全な現養育者との愛着関係を促進することで、大人への信頼感や安心感を深めると共に、現養育者が子どもの状況を理解し、適切な関わりを学び、日常生活に応用することを目的としています。対象は、児童養護施設に入所中の幼児（4 歳児と 5 歳児）と施設職員となっています。
学校関連	各種学校（特別支援学校・特別支援学級・情緒障害児学級・適応指導教室・職業訓練校等含む）	幼・小・中・高いずれにおいても学校と施設との連携は不可欠です。地域の学校に通っている子どもたちを学校に理解してもらう必要はありますが、その際は児童相談所を含めた連携を求められることもあります。臨機応変に学校との連携を図り、相互に役割を理解して子どもの支援に携わるためには、日ごろからの密な連絡やケースカンファレンスなどによる顔合わせが求められます。子どもの学校での問題行動や、不登校などの状態について学校の協力が必要な場合には、子どもの背景や様子、特性などをお互いが共有する必要性があります。施設側は、子どもの理解を一方的に求めるだけでなく、学校の現状を知ることも大切なことになります。
	教育相談所（教育相談センター）	児童養護施設には、発達障害や知的障害を持つ子どもたちが多く入所しています。学校等との連携とともに、子どもに適した学習指導や進路先を検討する際に教育相談所に相談をかけることがあります。心理職は、心理所見や施設心理からの視点を提供し、子どもの進路選択の可能性を検討していく際に関わることがあります。
医療関連	各種医療機関	入所児童の中には、医療機関につなげて、服薬や作業療法・言語聴覚療法・理学療法を受けることが望ましいと考えられる児童がいます。その場合、児童相談所で医療相談にかけるだけでなく、地域の医療機関に通院して診察・投薬を受けながら生活することも選択肢の一つとして挙げられます。必要に応じて、生活の様子だけでなく、個別面接での様子や施設心理職としての所見を医療機関につながる際に提出します。また、直接、心理職が子どもの通院の付添などを行うことで、子どもの様子を伝え、服薬管理や、治療の方向性などについて検討し、CWにフィードバックする役割を求められることがあります。
福祉施設	乳児院	入所年齢は0歳～2歳までが基本ですが、小学校就学前までの入所延長も認められる場合もあります。入所年齢を超えても家庭復帰や養育家庭への引き取りなどが見込めない場合、児童養護施設への入所に至るケースがあります。乳児院から家庭復帰後、再度、児童養護施設に入所に至るというようなケースもあります。必要に応じて、乳児院での様子や心理的支援の必要性の検討など、心理職が連携に参加することがあります。

連携機関名		利用・連携目的、心理職の関わり方
福祉施設	母子生活支援施設	さまざまな事情による母子を保護し、自立を促進するための生活支援施設です。ここに入所することで、児童養護施設からの家庭引取りが実現するケースもあります。児童養護施設への入所に至る経過の中で、この施設への入所歴が見られるケースもあります。必要に応じて心理職が連携に参加することがあります。
	自立援助ホーム	義務教育を終了後、家庭を離れて就労、自立を目指す児童を入所させ、就労および、日常生活などに関する相談・援助を行う施設です。児童養護施設を退所する児童にとって、次の生活の場となることもあります。アフターケアの中で施設とホームが連携しながら児童の就労支援、自立支援を進めていくことがあります。
	児童自立支援施設	虞犯非行などの問題行動がある、またその恐れがある児童や、家庭環境などにより生活指導を要する児童を入所または通所させ、必要な指導を行って自立を支援する施設です。児童相談所による「児童福祉施設入所措置」によって入所する場合と、家庭裁判所の少年審判における「保護処分」によって児童相談所を経由して入所する場合があります。また、児童養護施設での生活に著しい困難がある場合、措置変更により、児童自立支援施設に児童の生活の場を移すこともあります。逆に入所時の主訴が改善すれば、児童養護施設に措置変更される場合もあり、子どもの特性や心理的援助の必要性の検討など心理職が連携に参加することがあります。
	児童心理治療施設	心理的問題を抱え、日常生活の多岐にわたり支障をきたしている子どもたちに、医療・心理ケアを中心に、学校教育との連携による総合的な治療・支援を行う施設です。施設がない都道府県もあります。
	連携型専門ケア機能モデル事業『すてっぷ』(石神井学園)	児童養護施設での対応が困難な児童で、本事業で改善を見込める小学生を受け入れています。生活支援・医療・教育を一体的に提供し、虐待による重篤な症状を持つ児童等に対する支援を行っています。期間は3か月から2年程度で、基本的に原籍施設に戻ることを前提にしています。
	知的障害者通勤寮	就労している知的障害者に対して、居室その他の設備を利用させるとともに、独立および自活に必要な助言および指導を行うことを目的としている施設です。児童養護施設に入所している知的障害がある子どもで、就職先が決定し、継続して就労できる見込みがある子どもの次の生活の場となることもあります。アフターケアの中でCWと連携しながら、心理職も生活の安定、就労の安定を目指した支援を行うこともあります。
	福祉事務所	都道府県及び、市には設置義務があり、町村は任意で設置できるようになっています。生活保護、児童福祉、母子及び寡婦福祉、老人福祉、身体及び知的障害者福祉などにおける各種の手当や支援をうけることができます。入所児童の自立支援、家庭復帰に向けた支援の為にも、必要な手続きをとることや関係者に働きかけることもあります。また、必要に応じて、心理職としての所見を伝え、連携に参加します。

地域・その他	子ども家庭支援センター	全国に先がけて東京都が設置した施設です。子どもや子育て家庭の相談、ショートステイや一時預かりなどの在宅サービス等、地域の子育て支援事業を行っています。施設入所に至るケースでは、このような地域の子育て支援を受けている場合があります。入所児童の成育歴や家庭状況の把握、家庭復帰に向けた保護者への支援、家庭復帰後の見守りやサポートも含めて、施設、児童相談所、その他の関係機関などとも連携を取りながら地域における支援体制を検討していくことも必要になります。
	児童家庭支援センター	児童家庭支援センターは、平成 10 年度の児童福祉法改正に伴って新たに創設されたもので、児童福祉施設等に設置が委託されています。児童に関する専門的な知識等を必要とする相談を受けつけ、児童虐待の予防、親子関係の再構築、児童の心理ケア等、地域ニーズに合わせた事業を展開しています。また、児童相談所と連携しながら助言・指導、調整および一時的な保護を行うこともあります。

7-2　東京都児童相談所一覧

児童相談所名	所在地	電話・FAX	担当地域
児童相談センター（一時保護所・治療指導課）東京都子供家庭総合センター内	〒169-0074 新宿区北新宿4－6－1 東京都子供家庭総合センター内	電話（代）03-5937-2319 FAX 03-3366-6036	
		電話 03－5937－2311	練馬区、小笠原支庁
		電話 03－5937－2314	渋谷区、文京区、大島支庁
		電話 03－5937－2317	新宿区、中央区、千代田区、台東区、八丈、三宅支庁
北児童相談所	〒114-0002 北区王子6－1－12	電話 03-3913-5421 FAX 03-3913-9048	北区
品川児童相談所	〒140-0001 品川区北品川3－7－21	電話 03-3474-5442 FAX 03-3474-5596	品川区、目黒区、大田区
立川児童相談所	〒190-0023 立川市柴崎町2-21-19（東京都立川福祉保健庁舎3階）	電話 042-523-1321 FAX 042-526-0150	立川市、青梅市、昭島市、国立市、福生市、あきる野市、羽村市、西多摩郡
杉並児童相談所	〒167-0052 杉並区南荻窪4－23－6	電話 03-5370-6001 FAX 03-5370-6005	杉並区、武蔵野市、三鷹市
江東児童相談所（一時保護所）	〒135-0051 江東区枝川3－6－9	電話 03-3640-5432 FAX 03-3640-5466	墨田区、江東区

小平児童相談所	〒187-0002 小平市花小金井1 ー31ー24 多摩小平保健所 庁舎3階	電話 042-467-3711 FAX 042-467-5241	小平市、小金井市、東村山市、国分寺市、西東京市、東大和市、清瀬市、東久留米市、武蔵村山市
八王子児童相談所 (一時保護所)	〒193-0931 八王子市台町3ー17ー30	電話 042-624-1141 FAX 042-624-3865	八王子市、町田市、日野市
足立児童相談所 (一時保護所)	〒123-0872 足立区江北3-8ー12	電話 03-3854-1181 FAX 03-3890-3689	足立区、葛飾区
多摩児童相談所	〒206-0024 多摩市諏訪2ー6	電話 042-372-5600 FAX 042-373-6200	多摩市、府中市、調布市、稲城市、狛江市

7‐3　特別区児童相談所

児童相談所名	所在地	電話・FAX
世田谷区児童相談所	〒156-0043 世田谷区松原6-41-7	電話 03-6379-0697 FAX 03-6379-0698
江戸川区児童相談所 (はあとポート)	〒132-0021 江戸川区中央3-4-18	電話 03-5678-1810(代表) FAX 03-6231-4378(代表)
荒川区子ども家庭総合センター (荒川区児童相談所)	〒116-0002 荒川区荒川1-50-17荒川子ども家庭総合センター内	電話 03-3802-3765 FAX 03-3802-3787
港区児童相談所 (港区子ども家庭総合センター)	〒107-0062 港区南青山5-7-11	電話 03-5962-6500 FAX 03-5962-6509
中野区児童相談所 (みらいステップなかの)	〒164-0011 中野区中央1-41-2	電話 03-5937-3289 FAX 03-5937-3354
板橋区子ども家庭総合支援センター (板橋区児童相談所)	〒173-0001 板橋区本町24-17板橋区子ども家庭総合支援センター	電話 03-5944-2371 FAX 03-5944-2376
豊島区児童相談所	〒157-0051 豊島区長崎3ー6-24	電話 03-6758-7910 FAX 03-6758-7919
葛飾区児童相談所	令和5年度設置予定	
品川区児童相談所	令和6年度設置予定	
文京区児童相談所	令和7年度設置予定	

(令和5(2023)年2月現在)

7‑4　参考図書と関連 HP

参考図書

①　施設ケアに関するもの

Aichhorn, August. (1935). Wayward youth. New York, Viking Press.
　　（アイヒホルン.A.　三澤泰太郎(訳)(1981).　手におえない子. 誠信書房）

Bettelheim, Bruno.(1950). Love is not enough. Glencoe, Ill.: Free Press.
　　（ベッテルハイム.B　村瀬孝雄・村瀬嘉代子(訳)(1968).　愛はすべてではない:情緒障害児の治療と教育. 誠信書房）

Bettelheim, Bruno. (1955). Truants from life. Glencoe, Ill.: Free Press.
　　（ベッテルハイム.B　中野善達(訳編)(1989).　情緒的な死と再生. 福村出版）

Freud, A.(1973). Infants without families : reports on the Hampstead nurseries1939-1945 International Universities Press,Inc.
　　（フロイト,A　中沢たえ子(訳)(1982).　家庭なき幼児たち(アンナ・フロイト著作集). 岩崎学術出版社）

Redle, Fritz., Wineman, David.(1957). The aggressive child. Glencoe, Ill.: Free Press.
　　（レドル.F　ウィネマン.D　Children Who Hate: The Disorganization and Breakdown of Behavior Controls. New York: Free Press. (1951)『憎しみの子ら——行動統制機能の障害——』（外林大作(監修), 全国社会福祉協議会, 1975）と、Controls from Within: Techniques for the Treatment of Aggressive Child. New York: Free Press. (1952, 邦訳なし) の合本）

高橋利一(編)(2002).　子どもたちのグループホーム. 筒井書房

Trieschman, Albert E., Whittaker, James K., Brendtro, Larry K. (1969) The other 23hours: Child-care work with emotionally disturbed children in a therapeutic milieu. Chicago : Aldine Pub.
　　（トリーシュマン,アルバート.E　ウィテカー,ジェームズ.K　ブレンドロー,ラリー.K　西澤哲(訳)(1992).　生活の中の治療——子どもと暮らすチャイルド・ケアワーカーのために——. 中央法規）

②　施設での心理ケアに関するもの

加藤尚子(編)(2012).　施設心理士という仕事 .ミネルヴァ書房

増沢高・青木紀久代(編)(2012).　社会的養護における生活臨床と心理臨床——他職種協働による支援と心理職の役割——. 福村出版

森田善治(2006).　児童養護施設と被虐待児——施設内心理療法からの提言—— .創元社

杉山信作　全国情緒障害児短期治療施設協議会(編)(1990).　子どもの心を育てる生活——チームワークによる治療の実際——. 星和書店

滝川一廣(2004).　新しい思春期像と精神療法. 金剛出版

田中康雄(編)(2012).児童生活臨床と社会的養護 .金剛出版

内海新祐(2013).　児童養護施設の心理臨床——「虐待」のその後を生きる—— .日本評論社

③　トラウマと虐待に関するもの

Bessel van der Kolk.(2014). The body keeps the score : brain, mind, and body in the healing of trauma: Penguin Books.
　　（ベッセル・ヴァン・デア・コーク　柴田裕之(訳)(2016).　身体はトラウマを記録する——脳・心・体のつながりと回復のための手法——. 紀伊国屋書店）

Blaustein, Margaret E., Kinniburgh Kristine M.(2010). Treating Traumatic Stress in Children and Adolescence: How to Foster Resilience Through Attachment, Self-Regulation, and

Competency:Gulifprd Publications,Inc.

（ブラウシュタイン,マーガレット・E.・キニバーグ,クリスティン・M. 伊藤ゆたか(監訳)(2018). 実践子ど
もと思春期のトラウマ治療——レジリエンスを育てるアタッチメント・調整・能力(ARC)の枠組み——
——. 岩崎学術出版社)

亀岡智美(2020). 子ども虐待とトラウマケア——再トラウマ化を防ぐインフォームドケア——. 金剛出版

西澤哲(2010). 子ども虐待. 講談社現代新書

野坂祐子(2019). トラウマインフォームドケア——"問題行動"を捉えなおす援助の視点——. 日本評論
社

白川美也子(2016). 赤ずきんとオオカミのトラウマ・ケア——自分を愛する力を取り戻す〔心理教育〕
の本——. アクスヒューマンケア

白川美也子(監修)(2020). 子どものトラウマがよくわかる本. 講談社

杉山登志郎(2007). 子ども虐待という第四の発達障害 .学研プラス

滝川一廣・内海新祐(編)(2020). 子ども虐待を考えるために知っておくべきこと. 日本評論社

Winnicott, DW. (1984). Deprivation and Delinquency:Routledge.

（ウィニコット.DW 西村良二(監訳)(2005). 愛情剥奪と非行(ウィニコット著作集). 岩崎学術出版社)

④ 子ども理解とアセスメントに関するもの

近藤直司(2015). 医療・保健・福祉・心理専門職のためのアセスメント技術を高めるハンドブック 第 2 版
——ケースレポートの方法からの検討会議の技術まで——. 明石出版

増沢高(2011). 事例で学ぶ社会的養護児童のアセスメント. 明石書店

滝川一廣(2017). 子どものための精神医学. 医学書院

⑤ セラピーに関するもの

Boston, Mary., Szur, Rolene. (1990) Psychotherapy with severely deprived children:Routledge Kegan&Paul
plc.

（ボストン.M スザー.M 平井正三・鵜飼奈津子・西村富士子(監訳)(2006). 被虐待児の精神分析的
心理療法——タビストック・クリニックのアプローチ——. 金剛出版)

Gil, E. (1991). The Healing Power of Play: Working with Abused Children: The Guilford Press.

（ギル.E 西澤哲(訳)(1997). 虐待を受けた子どものプレイセラピー. 誠信書房

田中千穂子(2011). プレイセラピーへの手びき. 日本評論社

⑥ その他

井上猛・桑原斉・酒井隆・鈴木映二・水上勝義・宮田久嗣・諸川由実代・吉尾 隆・渡邉 博幸(編)
(2021). こころの治療薬ハンドブック 第 13 版. 星和書店

松本俊彦 (2009). 自傷行為の理解と援助——「故意に自分の健康を害する」若者たち——. 日本評論
社

楢原真也 (2015). 子ども虐待と治療的養育——児童養護施設におけるライフストーリーワークの展開
——. 金剛出版

Ryan, Tony., Walker, Rodger. (2007). Life Story Work:A Practical Guide to Helping Children Understand
Their Past:British Association for Adoption and Fostering

（ライアン.T ウォーカー.R 才村眞理・浅野恭子・益田啓裕 (監訳)(2010). 生まれた家族から離れ
て暮らす子どもたちのためのライフストーリーワーク 実践ガイド. 福村出版)

才村眞理 (編)(2009). 生まれた家族から離れて暮らす子どもたちのためのライフストーリーブック. 福村
出版

制度等	ホームページアドレス
児童福祉法	https://www.mhlw.go.jp/web/t_doc?dataId=82060000&dataType=0
厚生労働省	https://www.mhlw.go.jp/
児童福祉施設（最低基準について）	https://www.mhlw.go.jp/bunya/kodomo/pdf/tuuchi-04.pdf
東京都福祉保健局 （専門機能強化型児童養護施設について）	https://www.fukushihoken.metro.tokyo.lg.jp/ https://www.fukushihoken.metro.tokyo.lg.jp/kodomo/katei/jifukushin/jido_24 nd/sennmon25/senmonbukai.files/25data6.pdf
全国児童養護施設協議会	http://www.zenyokyo.gr.jp/
東京都社会福祉協議会	https://www.tcsw.tvac.or.jp/

7-5　　支援機関・事業・プログラム等

支援機関・事業・プログラム名	ホームページアドレス	利用・連携目的
東京都発達障害者支援センター（TOSCA）	http://www.tosca-net.com/	東京都在住者を対象とした施設です。本人及びご家族の相談を行っています。コンサルテーション、研修などが受けられ、安心して生活できるように支援してくれる施設です。
NPO法人　ブリッジフォースマイル	https://www.b4s.jp	児童養護施設や里親家庭などで生活する子どもたちが、社会に出る際に直面するさまざまな課題を乗り越えるための支援をしています。
NPO法人　日向ぼっこ	https://hinatabokko2006.com/	来館者が安心・安全に集え、自由に過ごせる場所「日向ぼっこサロン」の運営や、さまざまな方からお話いただいた事柄について、一緒に考える相談事業などを行っています。
NPO法人　日本こどものための委員会	http://www.cfc-j.org/	セカンドステップの研修が受けられます。
NPO法人　東京養育家庭の会	tokyo-yoikukatei.jp	東京都の養育家庭制度（里親制度）における、養育家庭（ほっとファミリー）を中心とした、里親・里子のためのNPO法人です。
CAP　児童養護施設プログラム	http://cap-j.net/	児童養護施設において施設職員と子どもたちと地域の大人に対して実施するプログラムです。
CARE-Japan	https://www.care-japan.org/	CAREは、落ち着かなかったり、困った行動をしたりしまいがちな子どものことで日々悪戦苦闘している大人のための心理教育的介入プログラムです。
子どもの虐待防止センター	https://www.ccap.or.jp/	虐待を早期発見、子どもや親へのケアを行う民間団体です。児童養護施設の子どもと担当CWの関係を深めるためのプログラムを受けられます。
PCIT Japan	https://www.pcit-japan.com/	子どものこころや行動の問題に対し、親子の相互交流を深め、回復に向かうよう働きかけるプログラムを受けられます。

　支援プログラム等の利用についても児童相談所と連携をとって進めていく必要があります。また、心理職の勉強会等もさまざまな形で実施されています。

資料

社会福祉法人 東京都社会福祉協議会

児童部会 専門職制度委員会

児童養護施設における
心理職の在り方に関するアンケート調査
【平成２２年度】

児童部会専門職制度委員会
「児童養護施設における心理職の在り方に関するアンケート調査」（平成 22 年度について）

Ⅰ．アンケート調査実施の経緯について

　平成１９年度に行ったアンケート調査にご協力いただきありがとうございました。ここに今回の
アンケート調査依頼にいたる経緯をご説明させていただきます。

　平成１９年度のアンケート調査の目的は、(1)心理ケアの実態を明らかにし、情報の共有化を図り、
成果等を各施設に還元すること、(2)児童部会主催研修会の参考資料とすること、の２点でした。結
果では、心理療法担当職員の勤務実態のみならず、心理臨床活動の実際や心理療法担当職員の意識が
ある程度明らかになり、心理療法担当職員が児童養護施設で働くうえで、参考になるような資料とな
ったと考えられます。具体的には、施設における心理ケアにおいては従来の外来相談室のモデルとは
異なり、個別の面接にとどまらないより柔軟なアプローチが有意義である様子が窺え、児童養護施設
における心理職の実践についてもある程度の蓄積がなされてきたことが示唆されました。

　しかし、施設における心理職の業務のあり方については各施設の考え方に拠っている場合がまだ
まだ多く、児童養護施設に入所している児童に適切な心理ケアを提供するためのモデル化が必要な
時期にきているようにも思われます。これらを勘案すると、施設ならではの心理職の在り方について
より明確にしていくことが必要であると考えられますが、前回の調査だけでは不十分な点も多くあ
りました。

　更に、今回のアンケート調査は、専門機能強化型施設の増加に伴っての治療指導担当職員の活動に
ついての実態調査も兼ねています。現時点では、治療指導担当職員の位置づけはかなり不明瞭で、各
施設に活用の仕方が任されているのが実情です。治療指導担当職員の資格要件については心理療法
担当職員と同等となっており、今後はこの点での業務の区分についても明確化が必要になってくる
と思われます。

Ⅱ．目的

(1)　施設におけるより充実した多職種の協働に向けて、施設内の心理臨床活動の特色につ
　　いて明確化を図る。
(2)　入所児童に対する心理ケアのより一層の充実のため、現場の心理職が抱える課題とそ
　　れに対する対処法について、多種多様なアイディアを心理職同士で共有する。
(3)　治療指導担当職員に関しての実態調査。

　＊　なお、結果については詳細な分析を行い、児童養護におけるよりよい心理臨床活動を行っていくための活きた資料
　　として、紀要・研修会などの機会を利用して各施設にフィードバックしていくこと、また、アンケート結果を公表す
　　ることで、東京都の現状やモデルを全国に向けて発信する機会としていきたいと考えています。

　＊　専門職制度委員会では新任心理職や児童養護施設で働き始めの心理職の為のガイドラインを作成したり、新任研修
　　を充実させていく構想があり、今回のアンケート結果をそれ向けた参考資料とすることも考えています。

Ⅰ．施設情報　※ この部分は、各施設１名の回答でお願いします。

【問１】　　施設の形態・規模（定員）

本　　園	グループホーム（都型）	グループホーム（国型）

【問２】　　心理療法担当職員の配置状況

（１）配置人数：（常勤）　　　　名／（非常勤）　　　　名

```
※内訳および勤務日数・勤務時間を、勤務者ごとに記して下さい。
□常勤・非常勤　⇒勤務日数［　　　　　　　　］⇒１日の勤務時間［　　　　　　］
□常勤・非常勤　⇒勤務日数［　　　　　　　　］⇒１日の勤務時間［　　　　　　］
□常勤・非常勤　⇒勤務日数［　　　　　　　　］⇒１日の勤務時間［　　　　　　］
□常勤・非常勤　⇒勤務日数［　　　　　　　　］⇒１日の勤務時間［　　　　　　］
□常勤・非常勤　⇒勤務日数［　　　　　　　　］⇒１日の勤務時間［　　　　　　］
```

（２）配置を始めた年度：　　　　　　年度

【問３】　　治療指導担当職員の配置状況

（１）配置人数：（常勤）　　　　名／（非常勤）　　　　名

```
※内訳および勤務日数・勤務時間を、勤務者ごとに記して下さい。
□ 常勤・非常勤　⇒勤務日数［　　　　　　　　］⇒１日の勤務時間［　　　　　　］
□ 常勤・非常勤　⇒勤務日数［　　　　　　　　］⇒１日の勤務時間［　　　　　　］
□ 常勤・非常勤　⇒勤務日数［　　　　　　　　］⇒１日の勤務時間［　　　　　　］
```

（２）配置を始めた年度：　　　　　　年度

【問４】　　宿直の有無　　　　(1)心理療法担当職員：　１．している　　　２．していない

　　　　　　　　　　　　　　(2)治療指導担当職員：　１．している　　　２．していない

Ⅱ．基 礎 情 報

【問１】あなたの役職は何ですか？　１．心理療法担当職員　２．治療指導担当職員

【問２】あなたの勤務形態・勤務日数・勤務時間について教えてください。

＊ 常勤　・　非常勤　（←どちらかに○）　勤務日数［　　　　　　　　］

　　　　　　　　　　　　　　　　　　　　１日の勤務時間［　　　　　　］

【問２】性別　　　１．男性　　　２．女性

【問３】年齢　　　１．20歳代　２．30歳代　３．40歳代　４．50歳代　５．60歳代

【問４】現勤務先での勤務年数　　　　１．１年未満　　　　　　２．１年以上〜２年未満

　３．２年以上〜３年未満　　　　４．３年以上〜４年未満　　　５．４年以上〜５年未満

　６．５年以上〜６年未満　　　　７．６年以上〜７年未満　　　８．７年以上〜８年未満

　９．８年以上〜９年未満　　　10．９年以上

【問5】心理臨床の経験年数について

（1）総経験年数・・・・・・・・・・・・・　＿＿＿＿＿　年

（2）児童養護施設での経験年数・・・・・　＿＿＿＿＿　年

【問6】 治療指導担当職員の方へ伺います ご自身の施設内での役割について

（1）どのような役割を求められていますか？

　1．心理療法担当職員と同様の役割　　2．心理療法担当職員とは異なった役割

（2）（1）で「2．心理療法担当職員とは異なった役割」とお答えになった方は、どのような役割を求められているか、具体的にお書き下さい（自由記述）。

【問7】施設で実施している取り組みについてあてはまるもの（複数回答可）

　　　　※ご自身が関わっているものには右の（　）内に〇を記入してください。

	あてはまるもの	ご自身で関わっていますか？
1．個別心理療法	（　　）	（　　）
2．集団療法（グループアプローチ）	（　　）	（　　）
3．生活場面への参加	（　　）	（　　）
4．新入所児童への関わり	（　　）	（　　）
5．アフターケアー	（　　）	（　　）
6．施設内他職種との連携	（　　）	（　　）
7．ケースカンファレンス	（　　）	（　　）
8．職員への心理ケア（メンタルヘルス）	（　　）	（　　）
9．家族へのアプローチ（家族療法）	（　　）	（　　）
10．会議への参加	（　　）	（　　）
11．嘱託児童精神科医との連携	（　　）	（　　）
12．外部機関との連携	（　　）	（　　）
13．施設内研修への関与・参加	（　　）	（　　）
14．外部研修への参加	（　　）	（　　）
15．その他　（　　　　　　　　　）	（　　）	（　　）

Ⅲ．心理臨床活動について

A．子どもへの個別面接（心理療法・心理アセスメント）について

【問1】あなたが受け持っている継続的な面接の対象者は何人ですか？

　1．1～5人　　2．6～10人　　3．11～20人　　4．21～30人

　5．31～40人　6．41～50人　　7．50人以上（具体的に：　　　　人）

【問2】単回の（継続的でない）面接はどの程度行うことがありますか？（1ヵ月で）

　1．1～5回　　2．6～10回　　3．11～20回　　4．21～30回

　5．30回以上（具体的に：　　　回）　6．なし

【問3】個別面接を行う上で、あなたが依拠している理論、活用している技法・手法に関して以下から選んでください（複数回答可）。選択肢に無い場合は「10．その他」にすべて記述してください。

1．精神分析　　2．ユング心理学　　3．クライエント中心療法
4．認知行動療法　　5．箱庭療法　　6．アタッチメント理論
7．描画（具体的に：　　　）8．EMDR　　9．トラウマ理論
10．その他

【問4】あなたが心理アセスメントを行う際に使っている方法を以下から選んでください（複数回答可）。選択肢に無い場合は「10．その他」にすべて記述して下さい。

【問5】心理アセスメントの結果を、①誰に、②どのようにフィードバックしていますか？自由に記述してください。

1．WISC−Ⅲ　2．田中ビネー　3．K−ABC　4．ロールシャッハ・
5．文章完成法（SCT）6．エゴグラム　7．TSCC　8．バウムテスト
9．その他の描画テスト　10．その他：（　　）　11．実施していない

【問6】継続的な心理面接を終結する際に、どのような点に留意して終結していますか？自由に記述してください。

B．子どもへの集団心理療法（グループアプローチ）
※ 子どもへの集団心理療法を実施している方のみお答え下さい。
【問1】集団心理療法を実施する際に、対象者をどのように選定していますか？具体的に書いて下さい。（※ 複数実施されている方はそれぞれについてご記入下さい）
【問2】集団心理療法を実施する際に、どのような点に留意して実施していますか？具体的に書いて下さい。（※ 複数実施されている方はそれぞれについてご記入下さい）

C．子どもとの生活場面でのかかわり
※ここでの質問は、平成19年度の質問と重複していますが、改めて回答して下さい。
【問1】生活場面での子どもとのかかわりについて（複数回答可）
1．生活場面で子どもにかかわっている ⇒ 【問1-1】にもお答え下さい。
2．施設の行事に参加している。　　　3．学校・地域の行事に参加している。
4．かかわっていない。　　　　　5．その他（　　　　　　　　　　　　　　　）
【問1-1】「1．生活場面で子どもにかかわっている」とお答えした方にお伺いします。生活場面でどのようなかかわりをしていますか？次から選んでください。
A．生活場面で子どもの観察をしている。
B．生活場面で子どもの観察を行い、心理的ケアも行っている。

C．子どもへの直接的な生活援助（ケアワーク）を行っている。（食事・遊び・学習・入浴・就寝・宿直・その他）⇒ 【問1-2】にもお答え下さい。

D．その他（　　　　　　　）

【問1-2】「3.子どもへの直接的な生活援助を行っているとお答えした方にお伺いします。

（1）どの程度ケアワークに携わっていますか？

a．ケアワークを手伝い程度で携わっている。

b．頻繁に日常で関っていて、ケアワークが業務の一つになっている。[頻度は？　　]

c．その他（　　　　　）

（2）どのような生活援助を行っていますか？（複数回答可）

　a．食事　b．遊び　c．学習　d．入浴　e．就寝　f．宿直　g．その他（　　）

【問2】生活場面と治療場面の区切りのつけ方について具体的な工夫をお書き下さい。

【問3】生活場面でのかかわりの効果

（1）心理職が生活場面へ関与することで、子どもの支援のために効果的だったのはどのような点ですか？

（2）逆に、効果的でなかったのはどのような点ですか？

D．職員とのやり取りに関して

【問1】他の職員とのやり取りが上手くいっていると思いますか？理由も合わせてお書き下さい。　　　　　　　1．はい　　　2．いいえ　　3．どちらでもない

[理由]：「1.はい」とお答えの方は上手くいっている理由を、「2.いいえ」とお答えの方は上手くいかない困難点をお書き下さい。

【問2】他職種の人たちに、心理療法の特性や意義について理解してもらうために、どのような工夫をしていますか？

【問3】他職種と有意義な協働を成立させるため、効果的だったやり方・ポイントを教えてください。

【問4】心理面接のフィードバックを、主に誰に対して行っていますか？

　　　1．担当のCW　2．担当職員以外のCW　3．FSW

　　　4．管理職　5．その他（　　　）

【問5】心理面接の記録はどのような扱いになっていますか？

　1．開示　　2．非開示　　3．開示用の書類を別途作成　　4．その他（　　　　　）

【問6】他職種との協働における守秘義務について、どのように考えているか、あなたの考えをお書き下さい。

【問7】施設内での職員研修

（1）施設内での職員研修で、あなたが何らかの取り組みをしていますか？

　1．している　　　　2．していない ⇒ 【問7】へお進み下さい。

（2）（1）で「1．している」とお答えの方に伺います。それはどのようなものか、具体的にお書き下さい。

【問8】職員のメンタルヘルス対策

（1）職員のメンタルヘルス対策で、あなたが何らかの取り組みをしていますか？

　　1．している　　　2．していない ⇒ 【問8】へお進み下さい。

（2）（1）で「1．している」とお答えの方に伺います。それはどのようなものですか？具体的にお書き下さい。

【問9】ケースカンファレンス（1つのケースについて詳細に検討）について

（1）施設でケースカンファレンスを行っていますか？

　　1．行っている　　　2．行っていない ⇒ E．家族へのアプローチ へお進み下さい。

（2）どのぐらいの頻度で実施していますか？

　　1．1年に1回　　　2．半年に1回　　　3．3ヶ月に1回　　　4．1ヶ月に1回

　　5．それ以上の頻度（具体的に：　　　　　　　　　　）

（3）参加者を以下から全て選択してください。

　　1．管理職（役職を具体的に記入：　　　　）2．CW　　　3．FSW　4．医師

　　5．心理療法担当職員　6．治療指導担当職員　7．被虐待児個別対応職員

　　8．その他（　　　）

（4）ケースカンファレンスでのあなたの役割（位置づけ）について教えて下さい。

E．家族へのアプローチ

【問1】あなたが、家族に何らかの対応をすることがありますか？

　　1．ある ⇒ 【問1-1】以降の問にもお答え下さい。

　　2．ない ⇒ "F．外部機関との連携"へお進み下さい。

【問1-1】「1．ある」とお答えになった方に伺います。実際にどのような対応をしているか、具体的にお書き下さい。

【問2】どんな点に留意して対応しているか、具体的にお書き下さい。

【問3】施設心理職が家族対応をしていく上でどんな点が困難ですか？具体的にお書き下さい。

F．外部機関との連携

【問1】あなたの勤務する施設では、主に誰が外部機関とのやり取りをすることが多いですか？（複数回答可）

　　1．管理職（役職を具体的に記入：　　　　　　　　　）2．FSW　　　3．CW

　　4．被虐待児個別対応職員　　　5．心理職　　　6．その他（　　　　　　　　）

【問2】あなたは、外部機関と直接やりとりをしたことがありますか？

　　1．はい　　　2．いいえ ⇒ 【問3】にお進み下さい。

【問2-1】「1．はい」とお答えになった方に伺います。

（1）あなたが直接のやり取りをしたことがある機関について、その頻度が多い順に番号を付け，（　）の中に記入してください。

　　A．児童相談所（　　）　B．学校（幼稚園）（　　）　C．病院（　　）

　　D．外来の心理相談室やクリニック（　　）　　E．子ども家庭支援センター（　　）

　　F．その他［　　　　　　　　　　　　　　］（　　）

（2）やり取りした相手の職種について，その頻度が多い順に番号を付け，（　）の中に記入してください。

　　A．心理職（　）　B．福祉職（　）　C．教師（　）　D．医師（　）　E．その他（　）

【問2-2】どのような時に外部機関とのやり取りをしていますか?具体的にお書き下さい。

【問2-3】外部機関と直接にやり取りをする際に、どのような点に留意して行っていますか?これまでに有効であった点についてお書きください。

【問3】外部機関との連携についてあなたが困難だと感じている点についてお書き下さい。

G．研修（スーパーヴィジョン含）について

【問1】研修やスーパーヴィジョンを受ける際、主にどのような形で出席していますか?

　　1．勤務時間内を利用　　　2．勤務日の勤務時間外を利用　　　3．休日を利用

H．困っていることについて

【問1】現在の職場で仕事をしていて困っていることがあれば以下の項目毎にお書き下さい。

　　① 設備（部屋など）　　② システム（会議、ケースの進行管理など）　　③ その他

【問2】これまでに仕事をしていて、ご自身でまずかった・失敗したと感じている点があれば、教えて下さい。

I．ご自身のメンタルヘルスに関して（心理職の悩みとその対処法について）

【問1】施設で働いていて悩んでいることがあれば教えてください。

【問2】悩みを解決するためにどんなことをしていますか?具体的な方法を教えて下さい。

【問3】ご自身の精神的健康を保つためにしていること、気をつけていることがあったら教えてください。

ご協力ありがとうございました！

社会福祉法人 東京都社会福祉協議会 児童部会 専門職委員会

児童養護施設における心理職の実態調査
～各職種からみた心理職のあり方と効果について～
【平成 29 年度】

Ⅰ：心理職（心理療法担当職員または治療指導担当職員）

Ⅱ：心理療法担当職員・治療指導担当職員に配布したもの（＊配置施設のみ）

Ⅲ：施設長・FSW・自立支援コーディネーター・里親支援専門相談員（＊配置施設のみ）・看護師（＊配置施設のみ）・CW おおむね経験年数1～3年の新人職員）・CW（おおむね経験年数4～9年の中堅職員）・CW（おおむね経験年数10年以上のユニットリーダー、主任等）に配布したもの。

Ⅳ：非常勤医師（＊配置施設のみ）：各自

Ⅰ．施設情報　　※ Ⅰの部分は、各施設心理職1名の回答でお願いします。

【問1】　施設の形態・規模（定員）

本　　園	施設分園型グループホーム	地域小規模型グループホーム	小規模グループケア地域型ホーム	法人型ファミリーホーム

≪記入例≫

本　　園	施設分園型グループホーム	地域小規模型グループホーム	小規模グループケア地域型ホーム	法人型ファミリーホーム
中舎制　64名	1か所　6名	2か所　12名	1か所　6名	1か所　6名

【問2】　心理療法担当職員の配置状況

（1）配置人数：　　（常勤）　　　名／（非常勤）　　　名

　　　※内訳および勤務日数を、勤務者ごとに記してください。
　　□ 常勤・非常勤　⇒勤務日数［　　　日/週 または　　　日/月］
　　□ 常勤・非常勤　⇒勤務日数［　　　日/週 または　　　日/月］
　　□ 常勤・非常勤　⇒勤務日数［　　　日/週 または　　　日/月］
　　□ 常勤・非常勤　⇒勤務日数［　　　日/週 または　　　日/月］

（2）配置を始めた年度：　　　　　　年度

【問3】　治療指導担当職員の配置状況

（1）配置人数：　　（常勤）　　　名／（非常勤）　　　名

※内訳および勤務日数、職種を、勤務者ごとに記してください。
□ 常勤・非常勤　⇒勤務日数［　　日/週 または　　　日/月］⇒ 心理職 ・ それ以外（　　　　）
□ 常勤・非常勤　⇒勤務日数［　　日/週 または　　　日/月］⇒ 心理職 ・ それ以外（　　　　）
□ 常勤・非常勤　⇒勤務日数［　　日/週 または　　　日/月］⇒ 心理職 ・ それ以外（　　　　）
　　　　　　※職種の「それ以外」はOTやSTなどの配置がある場合にお書きください。

（2）配置を始めた年度：　　　　　　年度

【問4】施設内外における（主に期間限定の）心理治療プログラム等の実施・利用状況についてお尋ねします。下記の表の該当する項目に☑をつけてください。

　　（下記の心理治療プログラムを利用した場合には、関係機関の通所等も該当します）

　（1）下記1～5について、心理治療プログラムの施設内外での実施の有無について☑をつけてください。実施している項目については（2）～（4）の質問にも回答ください。

　（2）心理治療プログラムの実施者について、あてはまるものにすべてに☑をつけてください。その他の場合はどこで実施したのかをお書きください。

　（3）心理治療プログラムの実施にケアワーカーはどのくらいかかわっていますか？
以下の1～4のいずれかを選び☑をつけてください。
1. ケアワーカーも一緒に実施している
2. 実施した内容をケアワーカーに報告し、生活の中でも活用されている
3. 実施した内容を報告している
4. ケアワーカーには特に内容の報告はない

　（4）心理治療プログラム実施後の印象について、以下の1～4のいずれかを選び☑をつけてください。
1. かなり効果がみられた
2. まあまあ効果が見られた
3. あまり効果はなかった
4. 全く効果はなかった

	(1)実施の有無	(2)実施者	(3)ケアワーカーの関与	(4)効果
1. 子どもと養育者の関係構築 （CARE、愛着形成の取り組み等）	□1.実施 □2.未実施	□1.児相 □施設（□2.心理・□3.治療指導員） □4.その他（　　　　　　　）	□1・□2 □3・□4	□1・□2 □3・□4
2. トラウマケア （TF-CBT、EMDR等）	□1.実施 □2.未実施	□1.児相 □施設（□2.心理・□3.治療指導員） □4.その他（　　　　　　　）	□1・□2 □3・□4	□1・□2 □3・□4
3. 衝動コントロール・暴力防止 （セカンドステップ、CAP等）	□1.実施 □2.未実施	□1.児相 □施設（□2.心理・□3.治療指導員） □4.その他（　　　　　　　）	□1・□2 □3・□4	□1・□2 □3・□4
4. 性加害—被害への対応 （ロードマップ、マイステップ等）	□1.実施 □2.実施	□1.児相 □施設（□2.心理・□3.治療指導員） □4.その他（　　　　　　　）	□1・□2 □3・□4	□1・□2 □3・□4
5. 子どもの生い立ちへの取り組み （ライフストーリーワーク等）	□1.実施 □2.未実施	□1.児相 □施設（□2.心理・□3.治療指導員） □4.その他（　　　　　　　）	□1・□2 □3・□4	□1・□2 □3・□4

【問5】心理面接の記録を施設内の他職種に開示しているか教えてください。

　　1. 開示　　　2. 非開示　　　3. 開示用の書類を別途作成

　4. その他（　　　　　　　　　　　　　　　　　　　　　）

Ⅱ．心理療法担当職員・治療指導担当職員への質問

【問1】あなたの勤務形態・勤務日数について教えてください。
＊非常勤の場合は勤務日数も教えてください。
　　　1．常勤　　　　　　　　　2．非常勤　　勤務日数［　　　日/週 または　　　日/月］

【問2】あなたの性別について教えてください。
　　　1．男性　　　2．女性

【問3】年齢
　　　1．20歳代　　2．30歳代　　3．40歳代　　4．50歳代　　5．60歳代

【問4】　現勤務先での勤務年数を教えてください。　　　　　　　　年

【問5】心理臨床の経験年数について教えてください。

（1）総経験年数・・・・・・・・・・・・　　　　　　年

（2）児童養護施設での経験年数・・・・・・　　　　　　年

【問6】生活場面での子どもとのかかわりについて教えてください。
　　　1．生活場面で子どもにかかわっている ⇒ 【問6-1】にもお答えください。
　　　2．かかわっていない。　　　　　　　⇒ 【問7】に進んでください。

【問6-1】「1．生活場面で子どもにかかわっている」とお答えした方にお伺いします。生活場面でどのようなかかわりをしていますか？次から選んでください（複数回答可）。

　　　1．食事　　　2．遊び　　　3．学習　　　4．入浴　　　5．就寝
6．宿直（　回／月）（＊宿直している場合は1か月あたりの回数も記入してください）

【問7】あなたが受け持っている継続的な面接の対象者は何人ですか？　　　　　　人

【問8】施設で実施している取り組みについてあてはまるものには左の（　）内に○を、ご自身が関わっているものには右の（　）内に○をつけてください。（複数回答可）

	あてはまるもの	ご自身の関わり
1．個別の面接（カウンセリングやプレイセラピー等）	（　　）	（　　）
2．特定のプログラムを用いた個別ケース対象のワーク （性、トラウマ、生い立ちなどに関すること）	（　　）	（　　）
3．グループアプローチ（グループワーク、SSTなど）	（　　）	（　　）
4．生活場面面接	（　　）	（　　）
5．ケアワーク（生活支援）	（　　）	（　　）
6．心理検査	（　　）	（　　）
7．子どもや家族のアセスメント	（　　）	（　　）
8．家族へのアプローチ	（　　）	（　　）
9．自立支援（リービングケア、アフターケア）の実施	（　　）	（　　）
10．施設内他職種との連携	（　　）	（　　）
11．職員へのコンサルテーション	（　　）	（　　）
12．職員のメンタルヘルス	（　　）	（　　）
13．施設内ケースカンファレンスの実施・参加	（　　）	（　　）
14．施設内の会議への参加	（　　）	（　　）
15．自立支援計画書作成への関与	（　　）	（　　）
16．児童精神科等の医療機関につなげる	（　　）	（　　）
17．外部機関との連携	（　　）	（　　）
18．施設内研修への関与・参加	（　　）	（　　）
19．人材育成・組織作り	（　　）	（　　）
20．外部研修への参加	（　　）	（　　）
21．その他　（　　　　　　　　　　）	（　　）	（　　）

【問9】上記1．〜21．の活動の中で、心理療法担当職員として特に力を入れて実践していること5つを挙げてください。

①	②	③	④	⑤

【問10】上記1．〜21．の活動の中で、心理療法担当職員として特に課題や難しさを感じていること5つを挙げてください。

①	②	③	④	⑤

【問11】上記1．〜21．の活動の中で、治療指導担当職員に特に期待していること5つを挙げてください。

①	②	③	④	⑤

【問12】上記1．〜21．の活動の中で、児童相談所の児童心理司に特に期待していること5つを挙げてください。

①	②	③	④	⑤

【問１３】上記１．～２１．の活動の中で、非常勤医師に特に期待していること
５つを挙げてください。（＊専門機能強化型施設のみ）

①	②	③	④	⑤

【問１４】施設での業務において、最も適当なものに〇をつけてください。

（１）施設内の他の心理職と連携・協働できている。

かなりあてはまる¹ ・ まあまああてはまる² ・ あまりあてはまらない³ ・ 全くあてはまらない⁴

（上記の回答の理由）

（２）施設内の非常勤医師と連携・協働できている。

かなりあてはまる¹ ・ まあまああてはまる² ・ あまりあてはまらない³ ・ 全くあてはまらない⁴

（上記の回答の理由）

（３）施設内の他職種と連携・協働できている。

かなりあてはまる¹ ・ まあまああてはまる² ・ あまりあてはまらない³ ・ 全くあてはまらない⁴

（上記の回答の理由）

【問15】心理職が施設内で働くことによる効果や課題について、あてはまるものに〇をつけ
てください。

（１）子どもの生活の安定に繋がっている。

かなりあてはまる¹ ・ まあまああてはまる² ・ あまりあてはまらない³ ・ 全くあてはまらない⁴

（上記の回答の理由）

（２）職員の安定に繋がっている。

かなりあてはまる¹ ・ まあまああてはまる² ・ あまりあてはまらない³ ・ 全くあてはまらない⁴

（上記の回答の理由）

Ⅲ．施設長・FSW・自立支援コーディネーター・里親支援専門相談員（＊配置施設のみ）・看護師（＊配置施設のみ）・CW おおむね経験年数１〜３年の新人職員）・CW（おおむね経験年数４〜９年の中堅職員）・CW（おおむね経験年数 10 年以上のユニットリーダー、主任等）への質問

【問１】児童養護施設での経験年数を教えてください。 ［ 年 ］

内容
１．個別の面接（カウンセリングやプレイセラピー等） ２．特定のプログラムを用いた個別ケース対象のワーク（性、トラウマ、生い立ちなどに関すること） ３．グループアプローチ（グループワーク、SST など）　　４．生活場面面接 ５．ケアワーク（生活支援）　　　　　　　　　　　　　６．心理検査 ７．子どもや家族のアセスメント　　　　　　　　　　　８．家族へのアプローチ ９．自立支援（リービングケア、アフターケア）の実施　10．施設内他職種との連携 11．職員へのコンサルテーション　　　　　　　　　　　12．職員のメンタルヘルス 13．施設内の会議への参加　　　　　　　　　　　　　　14．施設内ケースカンファレンスの実施・参加 15．自立支援計画書作成への関与　　　　　　　　　　　16．児童精神科等の医療機関につなげる 17．外部機関との連携　　　　　　　　　　　　　　　　18．施設内研修への関与・参加 19．人材育成・組織作り　　　　　　　　　　　　　　　20．外部研修への参加 21．その他　　（　　　　　　　　　　　　　　　　）

【問２】上記１．〜 21．の活動の中で、貴施設の心理療法担当職員に特に期待すること５つを挙げてください。

①	②	③	④	⑤

【問３】上記１．〜 21．の活動の中で、貴施設の治療指導担当職員に特に期待すること５つを挙げてください。（※配置していない場合には未記入でお願いします。）

①	②	③	④	⑤

【問４】上記１．〜 21．の活動の中で、児童相談所の児童心理司に特に期待すること５つ挙げてください。

①	②	③	④	⑤

【問５】上記１．〜 21．の活動の中で、貴施設の非常勤精神科医に特に期待すること５つを挙げてください。（※配置していない場合には未記入でお願いします。）

①	②	③	④	⑤

【問6】 心理職や医師が施設内で働くことによる効果や課題、他職種との連携・協働の実態について、あてはまるものに〇をつけてください。

（1）子どもの生活の安定に繋がっている。

かなりあてはまる ・ まあまああてはまる ・ あまりあてはまらない ・ 全くあてはまらない

（上記の回答の理由）

（2）職員の安定に繋がっている。

かなりあてはまる ・ まあまああてはまる ・ あまりあてはまらない ・ 全くあてはまらない

（上記の回答の理由）

（3）施設内の他職種と連携・協働できている。

かなりあてはまる ・ まあまああてはまる ・ あまりあてはまらない ・ 全くあてはまらない

（上記の回答の理由）

Ⅳ．非常勤医師への質問　※この部分は、貴施設の非常勤医師に回答をお願いします。

（非常勤医師が複数配置されている場合は、お手数ですが用紙をコピーして、各自回答をお願いします）

【問1】あなたの一月あたりの勤務日数について教えてください。〔　　　　　　　日／月〕

【問2】あなたの性別について教えてください。
　　1．男性　　　2．女性

【問3】年齢
　　1．20歳代　　2．30歳代　　3．40歳代　　4．50歳代　　5．60歳代以上

【問4】医師としての経験年数について教えてください。
（1）総経験年数・・・・・・・・・・・・　　　　　年

（2）児童養護施設での経験年数・・・・・　　　　　年

【問5】施設で実施している取り組みについて、ご自身が関わっているものの（ ）内に〇をつけてください。（複数回答可）
　　　　　　　　　　　　　　　　　　　　　　　　　ご自身の関わり
　　1．個別の面接（カウンセリングやプレイセラピー等）　（　　）
　　2．特定のプログラムを用いた個別ケース対象のワーク　（　　）
（性、トラウマ、生い立ちなどに関すること）
　　3．グループアプローチ（グループワーク、SST など）　（　　）
　　4．生活場面面接　　　　　　　　　　　　　　　　　　（　　）
　　5．ケアワーク（生活支援）　　　　　　　　　　　　　（　　）
　　6．心理検査　　　　　　　　　　　　　　　　　　　　（　　）
　　7．子どもや家族のアセスメント　　　　　　　　　　　（　　）
　　8．家族へのアプローチ　　　　　　　　　　　　　　　（　　）
　　9．自立支援（リービングケア、アフターケア）の実施　（　　）
　10．施設内他職種との連携　　　　　　　　　　　　　　（　　）
　11．職員へのコンサルテーション　　　　　　　　　　　（　　）
　12．職員のメンタルヘルス　　　　　　　　　　　　　　（　　）
　13．施設内ケースカンファレンスの実施・参加　　　　　（　　）
　14．施設内の会議への参加　　　　　　　　　　　　　　（　　）
　15．自立支援計画書作成への関与　　　　　　　　　　　（　　）
　16．児童精神科等の医療機関につなげる　　　　　　　　（　　）
　17．外部機関との連携　　　　　　　　　　　　　　　　（　　）
　18．施設内研修への関与・参加　　　　　　　　　　　　（　　）
　19．人材育成・組織作り　　　　　　　　　　　　　　　（　　）
　20．外部研修への参加　　　　　　　　　　　　　　　　（　　）
　21．その他　（　　　　　　　　　　　　　）　　　　　（　　）

【問6】上記１.〜２１.の活動の中で、施設の非常勤医師として特に力を入れて実践していること５つを挙げてください。

①	②	③	④	⑤

【問7】上記１.〜２１.の活動の中で、施設の非常勤医師として特に課題や難しさを感じていること５つを挙げてください。

①	②	③	④	⑤

【問8】施設での業務において、最も適当なものに〇をつけてください。

（１）施設内の心理職と連携・協働できている。

かなりあてはまる¹　・　まあまああてはまる²　・　あまりあてはまらない³　・　全くあてはまらない⁴

（上記の回答の理由）

（２）施設内の（心理職以外の）他職種と連携・協働できている。

かなりあてはまる¹　・　まあまああてはまる²　・　あまりあてはまらない³　・　全くあてはまらない⁴

（上記の回答の理由）

【問9】医師が施設内に参入することによる効果や課題について、自由にお考えをお書きください。

（効果）

（課題）

おわりに

　児童養護施設に、心理職の配置が公的に認められたのは、1999 年度非常勤職としての配置でした。1990 年代に入り、子どもの虐待が社会問題化し、虐待を受けた子ども達の施設入所は増え続け、施設の生活の中で見せる子どものこれまでとは違うレベルの暴力的な激しい行動化に職員も疲弊し、多くの施設が予期しなかった困難と混乱に見舞われました。

　その状況を打開するための心理職の導入は、子どもへの個別心理療法と職員への専門的助言が期待され、2003 年には全国で 250 以上の施設に心理職（常勤含む）が配置されています。

　また東京都は、2007 年に東京都専門機能強化型児童養護施設という新たな制度を導入し、認可を受けた施設には非常勤の精神科医と生活場面に関わる心理職（治療指導員）の配置を可能にし、治療的・専門的ケアが必要な子どもへの適切な支援を求めました。被虐待児の増加に伴い、現在では東京のほとんどの施設が認定されています。生活の中に心理職がどのように関わっていくのか、新たな働き方、臨床活動の広がりに、同じ児童養護施設の心理職が切磋琢磨できる場として、東京の児童部会に専門職委員会が設置されました。

　2013 年に発刊された初版「現場でいきる心理職」は、この専門職委員会の活動から生まれました。子どもの生活の場である児童養護施設で心理職が働き始めた頃から、試行錯誤、悪戦苦闘しながら切り開いてきた実践を後に続く心理職に残すため、またより多くの関係者に心理の仕事を知ってもらうためにまとめた実践書です。

　初版から 10 年を経て尚、子どもの虐待は増え続け、子どもや家族の重篤なさまざまな課題が施設現場に突き付けられています。

　今回の改訂版は、初版から学び、育った心理職が中心となり、自分達の実践を振り返りながら、現状に少しでも役立つように加筆修正を行いました。現在、全国どこの児童養護施設にも複数の心理職が配置され、他の専門職と連携しながら、子どもや家族の支援には欠かせない専門職になっています。

　人の心の内面や生き方に関わる心理臨床の仕事は、人の心に触れることの恐ろしさを自覚し、慎重で謙虚な人であって欲しいと思います。クライエントや関係者の声に真摯に耳を傾け、自分の技法や理論に固執せず、チームの中で、より良い支援のために自分は何ができるかを問える人、「現場でいきる心理職」であるための大事なエッセンスが、今回の改訂版にもしっかり根付いています。ぜひ、多くの心理臨床に携わる方、子どもの支援に携わる方々に読んで頂きたい一冊です。

2023 年 3 月
東京都児童部会専門職委員会
心理職グループ長
至誠大空の家施設長　国分美希

編集後記

　今回「現場でいきる心理職」の改訂版を刊行することとなりました。

　初版が刊行された 2013 年以降も、社会的養護を取り巻く状況は変わり続け、東京都の児童養護施設で働く心理職の役割や働き方にも広がりが出てきています。

　今回の改訂にあたっては、東京都児童部会専門職委員会心理職グループ内で調査班を立ち上げ、2017 年に「児童養護施設における心理職の実態調査」を実施しています。その調査班の活動を引き継ぐ形で現在の小冊子班が改訂作業を行いました。

　改訂作業を進めている間にも現場でいきる心理職を取り巻く状況は日々刻々と変化しており、この改訂版の内容ですら、すでに過去のものとなりつつあります。

　ただ、そのような目まぐるしい変化の中でも、「目の前にいる子ども達と施設の日常にどう寄り添っていけば良いのか」と日々思い悩む心理職がいることは変わらないのかもしれません。

　初版のあとがきでは「やっと 10 年」という言葉が綴られています。その初版刊行からちょうど 10 年目になる年にこの改訂版を刊行できることを嬉しく思います。

　初版の執筆に携わった当時の関係者の方々の想いをどれだけ引き継げているか、自信を持って語るには不足がある私たちではありますが……。

　実態調査と改訂作業に協力してくださった関係各所の方々への感謝を込めて、そして「次の 10 年」への願いを込めて、この改訂版のあとがきとさせていただきます。

　ほんの少しでも、この小冊子がどこかの誰かの何かの支えになれたら、幸いです。

東京都児童部会専門職委員会
心理職グループ一同

『児童養護施設の現場でいきる心理職
〜東京都の児童養護施設心理職の取組みから〜』
作成委員会執筆順：()は所属、「」は担当執筆

＜執筆者＞

菅　原　　惠　　　　（錦華学院）　　　　　　　　「第1章」「コラム」

江　川　亜希子　　　（二葉学園）　　　　　　　　「第2章」

長谷川　順　一　　　（共生会希望の家）　　　　　「第2章」「コラム」

河　嶋　奈穂子　　　（東京家庭学校）　　　　　　「第3章」「コラム」

川　股　沙穂子　　　（曉星学園）　　　　　　　　「第3章」

関　口　康　平　　　（東京育成園）　　　　　　　「第3章」

徳　山　美知代　　　（双葉園）　　　　　　　　　「第3章」

吉　満　麻衣子　　　（東京育成園）　　　　　　　「第3章」「第4章」

若　松　亜希子　　　（東京育成園／至誠学園）　　「第3章」「第4章」「コラム」

小宮山　みなみ　　　（クリスマス・ヴィレッジ）　「第4章」

須　賀　美穂子　　　（朝陽学園）　　　　　　　　「第4章」

長　澤　克　樹　　　（クリスマス・ヴィレッジ）　「第4章」

又　吉　由佳理　　　（マハヤナ学園撫子園）　　　「第5章」「第7章」「コラム」

岩　崎　光太郎　　　（れんげ学園）　　　　　　　「第6章」「コラム」

遠　藤　啓　子　　　（調布学園）　　　　　　　　「第6章」

岸　江　美　沙　　　（第二調布学園）　　　　　　「第7章」

中　西　政　人　　　（第二調布学園）　　　　　　「第7章」

中　島　良　二　　　（調布学園）　　　　　　　　「第7章」

＜執筆協力者＞

稲　葉　晃　子　　　（筑波愛児園）

内　田　えりか　　　（愛児の家）

梅　垣　弥　生　　　（若草寮）

角　田　真　奈　　　（ベトレヘム学園）

片　山　知　美　　　（双葉園）

田　中　　仁　　　　（西台こども館）

中　村　亨　永　　　（二葉むさしが丘学園）

樋　口　麻　弓　　　（品川景徳学園）

＜2022年度版執筆者＞

菅　原　　　惠　　（錦華学院）　　　　　　　「第1章」

有　園　太　一　　（錦華学院）　　　　　　　「第1章」

林　　　桜　子　　（東京育成園）　　　　　　「第2章」

境　　　真　穂　　（東京育成園）　　　　　　「第2章」

官　野　知　明　　（東京家庭学校）　　　　　「第3章」

藤　生　麻　里　　（東京家庭学校）　　　　　「第3章」

荒　川　瑛　子　　（錦華学院）　　　　　　　「第4章」

髙　木　理　恵　　（れんげ学園）　　　　　　「第4章」

下　釜　　　穣　　（れんげ学園）　　　　　　「第4章」

岩　崎　光太郎　　（れんげ学園）　　　　　　「第4章」

岸　江　美　沙　　（第二調布学園）　　　　　「第5章」「第7章」

中　西　政　人　　（第二調布学園）　　　　　「第5章」「第7章」

中　島　良　二　　（調布学園）　　　　　　　「第5章」「第7章」

遠　藤　啓　子　　（調布学園）　　　　　　　「第5章」「第7章」

久保田　将　大　　（石神井学園）　　　　　　「第6章」

諸　田　和　樹　　（暁星学園）　　　　　　　「第6章」

舩　渡　みなみ　　（石神井学園）　　　　　　「第6章」

上　松　侑　平　　（砂町友愛園）

＜改訂版執筆協力者＞

大　野　　　遥　　（若草寮）　　　　　　　　「コラム」

清　家　　　歩　　（目黒若葉寮）　　　　　　「コラム」

表紙デザイン：川　股　沙　穂　子

児童養護施設の現場でいきる心理職
～東京都における児童養護施設心理職の取組みから～
2022年度版

2023年3月27日

社会福祉法人　東京都社会福祉協議会
児童部会専門職委員会　心理職グループ

〒162-8953
東京都新宿神楽河岸 1-1
TEL　03-3268-7171（代表）
FAX　03-3268-0635